日本語教育・日本語学の「次の一手」

庵 功雄
iori isao

目次

プロローグ——5
今そこにある危機

§1　日本語教育をめぐって

1　「What なき How 論」の危うさ——10
　　文法教育の必要性を問い直す

2　「文法」でできること——19
　　自動詞・他動詞を例に

3　たかが「の」、されど「の」——25
　　受難の「んです」を救い出すために

4　Native-like ということ——35
　　日本語教育の多様性を求めて

5　日本語教育奨励賞受賞記念スピーチ原稿——43
　　5分間バージョン

6　日本語とニホン語——47
　　日本語教育文法の担い手としての非母語話者

7　とらわれを捨てることの重要性——53
　　日本語話者に対する韓国語教育を例に

§2 「やさしい日本語」をめぐって

8 「やさしい日本語」の本質とその可能性 —— 62

9 地域社会における共通言語としての「やさしい日本語」—— 70
  「教える」から「学び合う」へ

10 地域型日本語教育における活用の扱い方について —— 79

11 「いつか来た道」を繰り返さないために —— 88
  方言と「やさしい日本語」

12 「聞き手の国際化」と「やさしい日本語」—— 99
  土岐先生の思い出

§3 日本語研究の可能性

13 「世界」との対話をなくした日本語学 —— 106
  寺村文法の継承性をめぐって

14 「世界」とつながるためのささやかな試み —— 118
  「見えない冠詞」をめぐって

15 新しい対照研究の可能性 —— 131
  「漢語サ変動詞の自他の習得」から見えてくること

16 車内放送から始まる文法研究 —— 137

17 日本語は非論理的な言語か —— 141

§4 研究の担い手としての大学院生

18 **院生よ書を取れ** —— 156

19 **3年先の稽古** —— 161

20 **「根・鈍・運」** —— 166
   研究者に求められるもの

21 **私案査読論文執筆法** —— 173
   「仮想敵」を持つことの重要性

22 **査読とは何か** —— 177
   「育てる査読」の重要性

23 **末路哀れは覚悟の前やで** —— 183

24 **10億円の使い方** —— 191
   日中の恒久的平和構築の礎として

余白　枝雀さんの名刺入れ —— 195
幻の高座を夢見ながら

エピローグ —— 201
日本語教育、日本語学が生き残るために今なすべきこと

むすびに代えて

プロローグ
今そこにある危機

日本語教育と日本語学。この2つは筆者が研究を始めてからの約四半世紀[1]、ずっと筆者の心の中の灯りであり続けてきたものだが、どちらも今、大きな「危機」を迎えている。これが本書の最大の執筆動機である。ここでは、本文への導入をかねて、その「危機」についての私見を述べてみたい。

日本語教育における「危機」

日本語教育における「危機」はいくつかあるが、最大のものは日本語学習者数の減少である。これは統計の取り方によって異なるので、統計上は必ずしも減少していないかもしれないが、少なくとも、日本語を使って何らかのcareerに就こうという人の数は確実に減少しつつある。その原因は明らかで、日本経済が世界経済の中で占める位置の低下を反映しているのである。つまり、これまで日本経済という「虎」の威を借りる「狐」であった日本語教育が、その「虎」の威光が衰えたために、存立の「危機」に見舞われているのである。

では、その「危機」は具体的にはどのようなところに現れているのだろうか。

第一は、日本語学校の経営が苦しくなってきていることである。つまり、大学や大学院で日本語を使った研究を目指す学生数が減少

---

[1] 筆者は1987年に大阪大学文学部に入学し、1991年に同文学研究科の修士課程に進学した。

してきているのにともなって、その予備教育を行う日本語学校に通う学生数が減少してきているのである[2]。

第二は、日本語教師を目指す人の数の減少である。日本語教育能力検定試験の受験者数は2012年度大幅に減少した。その背景には、この資格を取っても安定した就職先が見つかるわけではないという現状認識が受験者の中に広がってきていることがあると思われる。こうした現状の象徴が雑誌『日本語教育ジャーナル』（旧『月刊日本語』アルク）の休刊である。

日本語学における「危機」

一方、日本語教育ほどはっきりしたものではないが、日本語学にも「危機」は迫っている。それは、大学における専任ポストの減少である。現在、人文系のポストはどれも減少傾向にあるが、日本語学もその例外ではない。1つの専任ポスト（特に、任期なし＝テニア）は学内で奪い合いになっているのが現状である。そして、そこでの競争に勝てないと、現在その「座布団」（ポスト）に座っている人の後任が取れないということになる。

本書の構成

本書は、日本語教育、日本語学がともに現在深刻な「危機」にあるという現状認識のもと、それに対する対抗策（「次の一手」）として筆者の考えを述べたものである。

本書は4セクション、および「余白」から成る。

§1では日本語教育について、§2では筆者が近年集中的に取り組んでいる「やさしい日本語」について、§3では日本語学について論じている。

---

[2] 日本語教育機関の概況（財団法人日本語教育振興協会による公開資料）：http://www.nisshinkyo.org

§4では、こうした「危機」のかなりの部分は大学院生の意識にもその原因があるという考えから、研究者の卵としての院生に対する筆者なりのメッセージとエールを記している。
　また、「余白」はアカデミックな内容とは離れるが、一人の落語家を通じて体験した筆者の「思い」を述べている。

§1

日本語教育をめぐって

1 「What なき How 論」の危うさ
文法教育の必要性を問い直す

日本語教育には現在、さまざまな点で「制度疲労」が起こっている。ちょうど、中央自動車道の笹子トンネル天井板崩落事故（2012年12月に発生）で改めて高度経済成長期に作られたインフラの「疲労」が問題化してきたのと似ている。この状態を放置すれば、いずれ「崩落」が起こる可能性が高い。ここでは、「教授法」を素材にこの問題について考える。

初級シラバスはどこから来たか

現在、（学校型の）初級日本語教科書はかなりの数が市販されている。岩田（2012）で取り上げられているものだけでも 11 種類ある。しかし、そこで扱われている文法項目はほとんど同じである（cf. 庵・高梨・中西・山田 2000: 付録）。では、こうした初級文法シラバスの原型はどのようなものなのだろうか。

岩田（2011）によれば、日本語教育のための文法シラバスの基本的な型は太平洋戦争末期に作られた国際文化振興会の『日本語表現文典』（1944）にさかのぼることができる。そこで設定された文型リストが国際学友会の教科書（『Nihoñgo no hanasikata』（1959）他）と言語文化研究所の教科書（『Basic Japanese Course』（1950）他）に引き継がれており、そこで取り上げられている文法項目は現在の「初級文法」項目と基本的に一致する。つまり、現在の初級シラバスは 70 年間基本的に変わっていないということである。現在

の初級シラバスは日本語教育のあり方を相当程度規定しているが、これを見直すということはこれまで全くと言っていいほど行われてこなかった。しかし、本当にそれでいいのだろうか。

教授法における How と What の問題

　上記のように、初級文法シラバスは半世紀以上ほとんど変わっていない。この間、日本語教育を取り巻く状況は大きく変化している。

　まず挙げられるのが学習者の多様化である。50年前に日本語教育学会が設立された当時は、大学院などで学ぶ研究留学生が大半であったと思われるが、現在は国立大学の「留学生センター」[1]においてすら、そうした日本語を使って論文を書いたり就職をすることを目指したりする学生は多数派ではなくなりつつあり、交流学生や英語プログラムの学生が多数派になりつつある。一方、地域社会では、定住外国人やその配偶者、子どもなどが数を増してきており、その人たちへの日本語教育が重要になってきている[2]。

　こうした外的状況の変化にもかかわらず、日本語教育が変わらない大きな原因の1つに、「教授法における What と How の問題」があると筆者は考える。

　「教授法」ということばから普通連想されるのは「どのように教えるか（How）」の問題であろう。そのことはこの語の日常語としての意味から考えれば不思議なことではないし、そのことを批判するつもりはない。しかし、「How の問題だけが教授法だ」と言われると、それには異議を申し立てたくなる。つまり、「教授法」にお

---
[1] 近年「留学生センター」は改組などで名称変更が多く行われているが、ここではそうした名称の違いを考えずに、国立大学で留学生教育を担当している部署という意味でこの語を用いる。
[2] この点については§2で詳しく述べる。

いても「何を教えるか（What）」は大いに議論すべきではないかということである。

例えば、現行の初級シラバスのある形式の教え方としてよくできた教案があったとする。それは How の問題だけで考えれば優れたものであると言えよう。しかし、もしその形式が初級で教える必要がないものということになったらどうか。その教案の評価は大きく変わってしまうであろう。つまり、How の問題（「どう教えるか」）について真剣に考えるためには、What の問題（「何を教えるか」）を避けて通ることはできないということである。

このことは「教授法」に関する評価という点において当然考慮されるべきことがらであるにもかかわらず、日本語教育の「教授法」の議論の中ではほとんど議論の対象になってこなかったように見える。

現行シラバスの問題点

このように、「教授法」を考える上でも What の問題を考えるべきだとしたときに、現行のシラバスには問題がないと言えるだろうか。筆者の答えは「ノー」である。この点については、筆者自身いくつかのところにおいて論じてきている（cf. 庵 2009a, 2009b, 2012a, 2012b, 2013a, 2013b）ので詳しくはこれらの論考に譲り、ここでは「推量の「でしょう」」について簡単に述べる（cf. 庵 2009b）。

現行のシラバスでは、「推量の「でしょう」」は「と思います」と並んで、必ず取り上げられている。しかし、こうした取り上げ方には大きな問題がある。

第一の問題点は、「推量の「でしょう」」が言いきりで使われることは自然会話では非常に少ないということである（現代日本語研究会編 2011 のデータでは約 5%）。さらに、この用法の「でしょう」

を言いきりで使うと、明らかな誤用になる場合がある。例えば、次例は筆者の知人の教員が実際に受け取ったメールの内容に一部手を加えたものだが、これは奨学金のための推薦状の締め切りをその教員が問い合わせたのに対する返信である。

(1) メールありがとうございました。締め切りは来週の金曜日です。来週の水曜日にいただければいい ^{??}<u>でしょう</u>（ok <u>と思います</u>）。

このメールを書いた学生は日本語能力試験 N1 に合格し、大学院の入試も優秀な成績で合格している。そうであっても、このメールを見ると、この学生の日本語力を思わず疑ってしまうことになる。それぐらい、このメールの下線部の誤用は「誤解を与える可能性が高い」（野田 2005）ものなのである。

では、なぜこの学生はこのとき「でしょう」を使ったのだろうか。それは、初級で学んで以来、「でしょう」を「と思います」と同じ意味だと認識しているからである。

このように、「推量の「でしょう」」を初級で導入すると、深刻なコミュニケーション問題につながりかねない誤用を生み出す可能性が高い。一方、初級で「推量の「でしょう」」を導入しなければその後文型積み上げをやっていく上で問題が生じるということはまずない。このことは、「推量の「でしょう」」の例文がほとんど全ての教科書で「天候」に関するものであるという点からも明らかである。つまり、「推量の「でしょう」」が「言いきり」で使われても自然なのは「天気予報」だけなのである。そうだとすれば、この形式を「初級」で「産出レベル」のものとして導入する必要がないことは明らかであろう。ほとんど全ての学習者にとって天気予報を正しく言えることが必要なわけはないのである。

こうした実際の使用実態から乖離した文法項目の選定が現在でも行われている背景には、日本語教科書の文法項目の選定基準が「形式」ベースであって「用法」ベースではないということがある（野田2005の言う「体系主義の弊害」）。

　「推量の「でしょう」」と同じく問題であるのは「命令形」である。『みんなの日本語 初級Ⅱ 第二版』では第33課において命令形の産出練習をさせている。しかし、井上（2011）が指摘しているように、現在の日本語において、デス・マス体で話すくらいの、ある程度距離のある間柄で命令形を使うことは、非常に深刻なコミュニケーション問題を引き起こす可能性が高い。例えば、命令形を練習した学生がバイト先で店長に命令形を使ったら即座にクビになってもおかしくはない[3]。ここでの問題点は、「理解レベル」と「産出レベル」の混同にある[4]。「命令形」も「理解レベル」としてなら導入してもいいかもしれない。少なくとも、地域日本語教育の対象である工場労働者の場合、命令形の意味が聞き取れなければ、文字通り命に関わる可能性があるので、このことは確かである。ただし、いずれにしても、命令形が「産出レベル」で必要ということは決してない。

　以上見てきたのは、現行の初級シラバスが「過剰」であるということだが、一方で、現行の文法シラバスには「過小」な部分も

---

[3] こうしたことをとらえて、それはそうした外国人が使う日本語に理解がない日本語母語話者の側に問題があるのだ、と言うことは正しいし、筆者も同感である（§2の議論を参照）。そして、「外国人は外国人としての日本語を話せばいいのだ」という主張も理解できる。しかし、そうした主張をする論者が実際に命令形を使ってそのためにバイト先をクビになった学生に代わって、その店長と談判をして学生を復職させようと動くとは考えにくいことからして、そうした主張をただ唱えているだけではことが解決しないことは明らかである。一方でそうした啓蒙を地道に続けつつ、他方では学習者にとって不利益を生じる可能性がある記述を改善していく必要がある。

[4] 理解レベルと産出レベルの区別について詳しくは庵（2006, 2011c）を参照されたい。

ある。例えば、テイル形について言えば、初級で進行中と結果残存（と繰り返し）の用法が取り上げられるが、中級以降でそれ以外の用法、経験記録、完了といった用法が取り上げられることはほとんどない。さらに言えば、陳（2009）、崔（2009）、庵（2010, 2011a）、稲垣（2013）などで指摘されているように、（少なくとも中国語話者にとっては）結果残存の用法を適切に産出することは容易ではないが[5]、そうしたことに目配りをした教科書は皆無である（cf. 庵 2012b。なお、テイル形を産出レベルで扱った教材に庵・清水（2003）がある）。

つまり、現行の初級シラバス（およびそれに対応する旧日本語能力試験3,4級項目）は、一方では不要不急のものを導入して学習者に無駄な努力を課し、もう一方では「「文法」は初級で終わり」という枠組みを作り上げることで、学習者が真に必要とする日本語力を身につける機会を与えていない、という二重の意味で問題が大きいと言えるのである。

何をすべきか ―What と How の望ましい関係―

以上、現状の「教授法」に内在する問題点を指摘した。それでは、今何をすべきかということだが、私見では、まず大切なことは、日本語教育において、素材である文法（および、語彙、音声）に関する教え方を考えることが絶対的に必要であるという認識に立ち返ることである。日本語教育の世界において「文法不信」が起こった理由については筆者なりに跡づけた（cf. 庵 2011b）し、その当時においては非は主に日本語学側にあったと筆者も考える。しかし、現状は、そのような過去の遺恨にこだわっている場合ではな

---

[5] 例えば、帰宅したときに家に来客がある状況を指す際に、日本語母語話者は「お客さん、来てるよ」という可能性が高いのに対し、中国語話者は「お客さん、いるよ」と発話する可能性が高い（cf. 陳 2009）。

い。それよりも、WhatとHowがあり得べき交流を取り戻し、手を携えて新しい教授法、そして、その理念にもとづく教材をどんどん開発していかなければならない。そうしないと、日本語教育という船自体が沈んでいく危険性が高い（cf.「エピローグ」）。

　筆者なりに、WhatとHowの関係を整理すると、まず、Whatの部分で、学習者に対して、当該の項目をどのように説明すべきかについて検討し、その議論を踏まえて、そうした説明をどのように教室活動に落としていくかをHowの部分で検討するというのが「WhatとHowの望ましい関係」である[6]。その上で、両者を有機的に結びつけた教室活動のデザインや教科書の内容についてさらに議論を深めていくべきである[7]。

参考文献
庵　功雄（2006）「教育文法の観点から見た日本語能力試験」土岐哲先生還暦記念論文集編集委員会編『日本語の教育から研究へ』くろしお出版
庵　功雄（2009a）「地域日本語教育と日本語教育文法―「やさしい日本語」という観点から―」『人文・自然研究』3、一橋大学
庵　功雄（2009b）「推量の「でしょう」に関する一考察―日本語教育文法の視点から―」『日本語教育』142
庵　功雄（2010）「教育現場への懸け橋　第1回　アスペクトをめぐって」『中国語話者のための日本語教育研究』創刊号、日中言語文化出版社
庵　功雄（2011a）「教育現場への懸け橋　第2回　テンス・アスペクトをめぐって」『中国語話者のための日本語教育研究』2、日中言語文化出版社
庵　功雄（2011b）「日本語記述文法と日本語教育文法」森・庵編（2011）

---

[6] 例えば、庵（2013b）で提案した「使役表現」、庵（2013c）で提案した「のだ」についての捉え方（「What」）を受け、それを導入するために、どのようなアクティビティを行うのが有効かを考える（「How」）といったことがこれにあたる。

[7] このようにWhatとHowの望ましい関係が構築されれば、真の意味で有効なfocus on formの授業実践が可能になると思われる（focus on formについて詳しくは鈴木・白畑（2012: 208ff.）を参照）。

所収
庵　功雄（2011c）「「100%を目指さない文法」の重要性」森・庵編（2011）所収
庵　功雄（2012a）「文法シラバス改訂のための一試案―ボイスの場合―」『日本語／日本語教育研究』3、ココ出版
庵　功雄（2012b）「新しい文法教育のパラダイム構築のための予備的考察」『日中言語研究と日本語教育』5、好文出版
庵　功雄（2013a）「日本語教育における「文法」を問い直す」『Romazi no Nippon』663、日本のローマ字社
庵　功雄（2013b）「「使役（態）」に言及せずに「使役表現」を教えるには―1つの「教授法」」『日本語／日本語教育研究』4、ココ出版
庵　功雄（2013c）「「のだ」の教え方に関する一試案」『言語文化』50、一橋大学
庵　功雄・高梨信乃・中西久美子・山田敏弘、（2000）『初級を教える人のための日本語文法ハンドブック』スリーエーネットワーク
庵　功雄・清水佳子（2003）『上級文法演習　時間を表す表現』スリーエーネットワーク
稲垣俊史（2013）「テイル形の二面性と中国語話者によるテイルの習得への示唆」『中国語話者のための日本語教育研究』4、日中言語文化出版社
井上史雄（2011）「命取りの命令形」『日本語学』30-10
岩田一成（2011）「日本語教育初級シラバスはどこから来たのか？」データに基づく日本語教育のための語彙・文法研究会配付資料
岩田一成（2012）「初級教材における使役の「偏り」と使用実態」『日本語／日本語教育研究』3、ココ出版
言語文化研究所（1950）『Basic Japanese Course』
現代日本語研究会編（2011）『合本　女性のことば・男性のことば（職場編）』ひつじ書房
国際学友会（1959）『Nihoñgo no hanasikata』
国際文化振興会（1944）『日本語表現文典』
崔　亜珍（2009）「SRE理論の観点から見た日本語のテンス・アスペクトの習得研究―中国人日本語学習者を対象に―」『日本語教育』142

鈴木孝明・白畑知彦（2012）『ことばの習得　母語獲得と第二言語習得』く
　　ろしお出版
陳　昭心（2009）「「ある／いる」の「類義表現」としての「結果の状態の
　　テイル―日本語母語話者と中国語を母語とする学習者の使用傾向を見
　　て―」『世界の日本語教育』19
野田尚史（2005）「コミュニケーションのための日本語教育文法の設計図」
　　野田尚史編『コミュニケーションのための日本語教育文法』くろしお
　　出版
森　篤嗣・庵　功雄編（2011）『日本語教育文法のための多様なアプローチ』
　　ひつじ書房

2 「文法」でできること
自動詞・他動詞を例に

現在の文法シラバスには数々の問題があるが、最大の問題は、一度取り上げられた項目が再び取り上げられることが（ほとんど）ない、ということである。そのため、真に運用に結びつく規則が教えられないままになっていることがある。ここではそうした例として、自動詞と他動詞を取り上げる。

「自他」は初級で扱うべき問題か？

現在、どの教科書でも「自動詞と他動詞（自他の対応）」を扱っている。例えば、『みんなの日本語』では30組の自他の対応が扱われている。自他の対応は日本語の形態論的特徴の1つであり、重要な問題である。しかし、現在の初級の文法項目の中で、この区別が利いてくるものはほとんどない。ほぼ唯一の例外は「ている」と「てある」の区別であるが、これに関しては、中俣（2011）がいくつかのジャンルの大規模コーパスを調査して明らかにしているように、どのジャンルにおいても圧倒的に多いのは「書く」であり、どのジャンルでも50％程度を占めている。しかも、どのジャンルにおいても、頻度上位の語の中に、「自他の対応がある他動詞」は入っていない。つまり、初級において「自他の対応」を教える積極的な意味はほとんどないと言える（この点については庵2009も参照）。

「自他」と「責任の有無」

　このような話をしたところ、筆者の知り合いの日本語学校出身の大学院生から、「日本語学校では、自他の違いを「責任の有無」で教えている」という指摘を受けた。例えば、レストランでバイトをしているときに、自分の過失でコップが破損したときには、「コップが割れてしまいました。」ではなく、「コップを割ってしまいました。」と言わなければならないといったことを教えているということである[1]。この違いは重要である。筆者自身も、「日本語教育能力検定試験」が新試験に移行するにあたって作問委員を務めた際にこのあたりのことを問う問題を出題したことがある。

　このように、「責任の有無」は「自他の対応」の重要な一側面だが、問題もある。こうした「責任の有無」が問題になるのは実は自他の対応の一部にすぎないのである。例えば、「車が停まる／車を停める」「授業が始まる／授業を始める」「病気が治る／病気を治す」といったペアの違いを「責任の有無」で説明することは困難であろう。

自他の対応の本質

　では、自他の対応の本質は何かということだが、それは、この場合の自動詞は「ナル」型の表現であり、他動詞は「スル」型の表現であるということである。このこと自体は、寺村（1976）や池上（1981）でも指摘されているが、「ナル」について最も包括的な議論をしているのが佐藤（2005）である。同論文では、「ナル」の本質を「主体の背景化」と捉え、次のようなさまざまな「ナル」が持つ

---

[1] Hinds（1986）によれば、英語ではこうした場合に自動詞表現を使うのは全く不可能だという。一方、日本語では、（特に客に聞こえない独り言としてなら）自動詞表現も十分使える（実際、このときウェイトレスが「コップが割れちゃった。」と発話したことを同書は記録している）。

共通の基盤を説明している。

(1) 太郎は大学生になった。(変化)

(2) このあたりは葛飾区になる。(≒だ)(非変化)[2]

(3) このお品は一万円になります。(≒です／ございます)(非変化)

このように、「ナル」(そして、自他の対応がある自動詞)は「主体の背景化」という特徴を持つわけだが、こうした特徴が意図的に使われている場合がある。

石井(2012)は扶桑社から出版の『新しい歴史教科書』をその他の中学校の歴史教科書(全部で8種)と対比してその言語表現上の特徴を記述したものだが、その中で次のような対比を指摘している。

(4) わずかな兵力しか持たない朝鮮は、清に鎮圧のための出兵を求めたが、日本も甲申事変後の清との申し合わせに従い、軍隊を派遣し、日清両軍が衝突して日清戦争が始まった。

(5) 日本はイギリスの支持を期待し、朝鮮から清の勢力を除こうとして戦争を始めました。これを日清戦争といいます。

---

[2] (2)(3)はともに「非変化」を表し、コピュラ(「だ」のバリエーション)と置き換え可能だが、(2)では「なる」が普通体でも使え、否定形にもなりうるのに対し、(3)では「なる」は普通体や否定形にはならないという違いがある。これらの理由については佐藤(2005)を参照。

(4)は『新しい歴史教科書』の本文で、(5)は他社の教科書の本文である（下線は筆者による）が、この2つの文章の含み（connotation）は大きく異なる。(5)は開戦の責任主体が日本であることを明示しているのに対し、(4)では開戦の責任主体は明示されておらず、たまたま朝鮮半島に日本と清がいたため、戦争が起こった（「戦争になった」）という表現をしている。石井（2012）から同種の例をもう1例追加しよう。

(6) 日本軍は国民党政府の首都南京を落とせば蔣介石は降伏すると考え、12月、南京を占領した（このとき、日本軍によって民衆に多数の死傷者が出た。南京事件）

(7) 日本軍は、ナンキン占領のとき、大ぜいの中国民衆を殺していたが（南京虐殺事件）、日本国民には知らされなかった。

　(6)と(7)はいわゆる「南京虐殺」に関する記述で、(6)が『新しい歴史教科書』、(7)が他社の教科書である³。「（死傷者が）出る」と「殺す」とでは責任の主体が全く異なることが見て取れるだろう。
　以上のような例から『新しい歴史教科書』の記述の意図がどういうものかは明らかであろう。そのことについての賛否は歴史学上の問題であるかもしれないが、日本語教育の観点から考えるべきこともある。それは、なぜ『新しい歴史教科書』が日本の戦争責任に関する記述において「（自他の対応がある）自動詞」を使っているの

---

³ (7)の出版社は日清戦争に関しては『新しい歴史教科書』と同様、「日清戦争が始まった。」という表現を使っているが、南京事件については『新しい歴史教科書』とは異なる書き方をしている。日本の戦争責任に関する記述で一貫して「主体の背景化」を用いているのは『新しい歴史教科書』の特徴である（cf. 石井 2012）。

かを考えるということである。

　以上のような例は「文法」に関する問題が「メディア・リテラシー」の問題と深く結びついていることを示している。そして、こうした問題を使うことによって、初めて「自他の対応」ということの真の意味を学習者に伝えることができるのである。

　もちろん、ここで述べたことは、日本語が「ナル」型表現を好むこと自体を批判することを意図しているわけではない。電車のアナウンスで、「ドアが閉まります。」という表現を好むとか、「このあたりにも最近マンションが建ちました。」と言って「建てられました」とは言わないといったこと（cf. 寺村 1976）は日本語の表現様式として尊重すべきことで、それを「非論理的」だといって否定するのはそれこそ非論理的なことであろう。

　しかし、施政者（や体制側の学者）がそうした日本語の表現様式を使って国民の目を欺こうとしている場合、われわれはそうした施政者側の意図を見抜く能力を身につけていなければならない。その意味で、「メディア・リテラシー」の教育は外国人だけでなく、日本語母語話者にとっても極めて重要である。そして、そのとき「文法」はそうした教育に大いに役に立ちうるのである[4]。

参考文献

庵　功雄（2009）「地域日本語教育と日本語教育文法―「やさしい日本語」という観点から―」『人文・自然研究』3、一橋大学

池上嘉彦（1981）『「する」と「なる」の言語学』大修館書店

石井正彦（2012）「『新しい歴史教科書』の言語使用―中学校歴史教科書8種の比較調査から―」『阪大日本語研究』24、大阪大学

佐藤琢三（2005）「第1章　自動詞ナルと主体の背景化」『自動詞文と他動

---

[4] 特に大学院生の人には、言語学（日本語学）の社会貢献の貴重な実践例として、石井（2012）を一読されることをお勧めする。

詞文の意味論』笠間書院
寺村秀夫（1978）「『ナル』表現と『スル』表現—日英語『態』表現の比較—」
　　寺村秀夫（1993）『寺村秀夫論文集Ⅱ』くろしお出版に再録
中俣尚己（2011）「コーパス・ドライブン・アプローチによる日本語教育文
　　法研究」森篤嗣・庵功雄編『日本語教育文法のための多様なアプローチ』
　　ひつじ書房

Hinds, J.（1986）*Situation vs. Person Focus.* くろしお出版

3 たかが「の」、されど「の」
受難の「んです」を救い出すために

　菊地康人氏が『月刊言語』に書かれたエッセーに「受難の「んです」を救えるか」というものがある（菊地 2006）。概略を紹介すれば、現在の日本語教育では「んです（のだ）」は軽視されているが、本来「のだ」は日本語文法において重要な働きを持つものであり、それを学習者が使えるようになるように日本語教師は努めるべきであるということである。この文章はたいへん示唆的であり、ここではその内容について、少し踏み込んで検討してみたい。

「のだ」の何が難しいのか？

　菊地（2006）の文章は語学的な部分と、日本語教育界の現状に関する部分とに分かれる。最初に、語学的な部分について考えてみよう。
　菊地氏はまず、次のようなやりとりを挙げる。

(1) A：あ、新しい携帯電話ですね。どこで買いましたか。
　　B：秋葉原で買いました。
　　A：その電子辞書も秋葉原で買いましたか。
　　B：いいえ、兄にもらいました。

　そして、こうしたやりとりは不自然であり、自然なのは次のような発話であると述べる（引用に際して下線は筆者が付与した）。

(2) A：あ、新しい携帯電話ですね。どこで買ったんですか。
　　B：秋葉原で買ったんです。
　　A：その電子辞書も秋葉原で買ったんですか。
　　B：いいえ、兄にもらったんです。

さらに、菊地氏は次のように述べる。

(3) 会食に誘われて「その日は仕事があります。」とだけ言いっ放しにするのでは、まともな答にならないが、「その日は仕事があるんです。」なら、誘われているという状況と関連づけた答として機能する。

(4) 「金曜日に作文の授業があります。でも、国から母が来ます。迎えに行きたいです。授業を休んでもいいですか。」と初級学習者が言えば、よく話せるようになったねと喜ぶのがこれまでの教師だった。が、実は母語話者なら「金曜日の作文の授業のことなんですが、国から母が来るんです。迎えに行きたいんですが、授業を休んでもいいですか。」と言うところだろう。こう言うと何が違うか。「……んです（が）」を聞きながら、聞き手は、ここはまだ前置きで、大事なことは後に来るのだなと予測できる。「んです」には、ナビゲーション機能もあるのである。だから、「んです」を欠いた文の連発では、情報の軽重や話の方向性が伝わりにくい。

(5) こう見てくると、「んです」の有無は決して微差ではない。「んです」はいろいろな意味でコミュニケーションの運び方についての話し手の方向性を示しているのだ。もし禁止令が出て「んです」なしで話すとしたら、何と不自由なことか。

ここで指摘されていることは非常に重要であると筆者は考える。筆者もこうした「んです」の意味を学習者に伝えたいと思う。しかし、このことは容易ではない。その理由を菊地氏は2つ述べている。

(6) 初級の教科書では「のだ」抜きで授業が進むため、学習者が「のだ」の必要性に気づきにくくなる（筆者注：語学的な問題）

(7)「学習者を日本人化しようとするのはよくないという論が、最近の日本語教育界では一大潮流」であり、「通じればいい、不快な印象を与えなければそれでいい、とする論も有力」であるために、「のだ」を教えなくてもよいとする潮流ができている（筆者注：日本語教育界の問題）

　このような2つの壁が存在するという意味で、「んです」は「受難」の状態にあると菊地氏は述べている。
　本稿では、こうした「受難」の「んです」を救い出すために何をすべきかという点について、主に（6）の語学的な側面から考える。(7)で挙げられている日本語教育界の問題については別項「4 Native-like ということ」で考えることにする。

「のだ」抜き文

　まず、菊地氏が挙げた冒頭の例から考えてみよう。

(1) A：あ、新しい携帯電話ですね。どこで買いましたか。
　　B：秋葉原で買いました。
　　A：その電子辞書も秋葉原で買いましたか。
　　B：いいえ、兄にもらいました。

菊地氏が述べているようにこの例は不自然であるが、おそらく、日本語教師（および、（初級）日本語学習者／外国人との接触が多い日本語母語話者）はこうしたやりとりに対する文法性判断が緩いと思われる。それは、初級の教室活動でこうした「「のだ」抜き文」を使いすぎているために、感覚が麻痺しているのである。

　このように、学習者が日本語を習う対象である日本語教師が（1）のようなやりとりに鈍感であるため、学習者もそれにつられて「のだ」の有無に関して鈍感になっていく。筆者が自身で担当している上級レベルの授業（受講者はN1合格レベル以上）において、（1）のやりとりを示し、それが不自然であるかを尋ねたところ、「不自然」だと答えたのは31人中3人だけであった。このように、上級（中には超級に近い学習者も含まれる）においても「「のだ」抜き」が不自然だとは感じられなくなっているのである。

　では、（1）ではなく、（2）のように「のだ」を使えるようにするにはどうすればいいかであるが、ここでは（2）Aの発話にある疑問文における「のだ」についてまず考える。

（2）A：あ、新しい携帯電話ですね。どこで買ったんですか。
　　　B：秋葉原で買ったんです。
　　　A：その電子辞書も秋葉原で買ったんですか。
　　　B：いいえ、兄にもらったんです。

さて、ここで、疑問文のタイプということを考えてみよう（(8) a, bの聞き手は「田中」であるとする）。

（8）a. 田中さんは新しい携帯電話を買いましたか。
　　　b. 田中さんは秋葉原で新しい携帯電話を買ったんですか。

すると、(8) a と (8) b では疑問文のタイプが異なることがわかる。つまり、前者では「買ったかどうか」（肯否）が問題になっているのに対し、後者では「買った」ことは既知のこととして、その場所が「秋葉原」であるかどうかが問題となっているのである。

　このように、意味的に考えると、疑問文には（言語普遍的に）この2種類しかないことがわかる。一方、庵（2000）、庵（2001, 2012[2]）、庵・高梨・中西・山田（2000）では「前提」という概念を用いてこのことを説明している。すなわち、(8) a には文脈上既知である「前提」が存在しないのに対し、(8) b は「田中さんが X で新しい携帯電話を買ったこと」を「前提」として、その場所 X が「秋葉原」であるかどうかを尋ねる文であるということである（前提に関しては寺村1986 も参照）。つまり、日本語では疑問文に「前提」があるときはそれを表すために「の」をつけるのである。

　疑問文を論理的に考えれば、この2つのタイプしかないことがわかる。そして、このことは「論理的」なことであるから、学習者の日本語能力が十分でないときでも、説明すれば十分理解可能なことである（この場合の説明には媒介語を用いてもよい）。

「のだ」を使えるようになるために必要なこと

　以上のことを踏まえて考えると、学習者に対して、遅くとも、初級が終わって（初）中級に入る段階で、疑問文に (8) a, b の2つのタイプがあることを明示的に説明すべきである。そしてその際、「今まで、「前提」がある場合にも (9) のような「「のだ」抜き」疑問文を使って練習してきたが、それは「んですか」の前には普通形（plain form）を使うため、普通形が未習のときにはそれができないので、敢えて不自然な形を使ってきたのだ」ということを改めて説明する必要がある。

(9) 田中さんは秋葉原で新しい携帯電話を買いましたか。[1]

　さて、「前提」ということが理解できれば、疑問語が含まれる際に「のだ」が必要であることは容易にわかる。例えば、「誰が」コップを割ったのか、が問題になるのは、「誰かがコップを割ったこと」がわかっている場合に限られるからである。したがって、その文脈で適切な表現は（10）である。

(10) 誰がコップを割ったんですか。

　このように、「前提」という概念を使えば、疑問文における「のだ」は容易に説明できる。しかし、（7）のように、「native-likeを目指さなくてもいい」という考え方が主流の現在の日本語教育界においては、「そんな難しいこと考えなくても、「の（のだ）」なんか適当にやればいい」という考え方が多数派かもしれない。では、次の例はどうか。

(11) 北島は敗れたのではない（朝日新聞デジタル 2012.7.31）

　これは北島康介選手がロンドンオリンピックの 200 メートル平泳ぎ決勝で 4 位になったことに関する記事の見出しであるが、これを（12）のような「「のだ」抜き」文にすると文の真理値（命題の内容

---

[1] （9）は文法的に見えるが、これが文法的になるのは「クイズ疑問文」の場合に限られる。例えば、「田中さんの一日」をビデオで見た後にクイズの司会者が発する文としては（9）は文法的である（逆にこの場合は（8）b は使えない）。これが「クイズ疑問文」だが、クイズ疑問文というのは、当該の命題内容について既に知っている話し手がそれを知らない聞き手に尋ねるという形になっており、疑問文（質問文）の典型から逸脱したものである（質問文が満たすべき要件については、南 1985、安達 1999 などを参照）。したがって、一般的な疑問文（質問文）としては（9）は不適格である。

が真であるかどうかを表す値）が異なってしまう（(12) は北島選手がもし 3 連覇を達成していれば、そのときに紙面に載ったであろう見出しである）。

(12) 北島は敗れなかった

　上記の「多数派」（そういう人がいるとすればだが）の人たちはこうした例をどう考えるのだろうか。「普通の」やり方は、「のではない」を独立の文法項目として扱うということであろう。しかし、それは明らかに無駄（redundant）である。その理由を以下に示す。まず、次の 2 文を考えてみよう。

(13) a. 私は iPad を買わなかった。
　　 b. 私は秋葉原で iPad を買った<u>のではない</u>。

　すると、(13) a, b の対比は (8) a, b の対比と完全に平行的であることがわかる。すなわち、(13) a には「前提」がなく、「買った」ということを否定しているだけであるのに対し、(13) b には「私が X で iPad を買った」という「前提」が存在するが、「X＝秋葉原」ではないということを述べている、ということである。
　このことも論理的に考えれば、否定文には（言語普遍的に）(13) a, b の 2 つしかないことがわかる。そして、これも「論理的」なことであるから学習者にはかなり初期に説明しても理解可能であるはずである。少なくとも、「のではない」と「の（です）か」を全く別のものとして説明する（あるいは、後者は全く無視する）というやり方に比べ、学習者の理解度はずっと高いはずである。
　さて、ここで (11) に戻ると、この例は (13) b より少し複雑である。(13) b の場合は「秋葉原で」という「副次補語」が含まれ

ているため、そこが「焦点」(＝否定したいところ）と解釈されやすいのに対し、(11) にはそうした副次補語がないためである。

(11) 北島は敗れた<u>のではない</u>

しかし、(11) も「のだ」を含んでいる以上、前提が存在する。その前提は「北島に何か (X) があった」ということで、(11) は「X＝敗れた」ではないということを述べる文である。(13) b のような副次補語がある場合でも (13) b のように言っただけでは (「X＝秋葉原」ではないと言っているだけなので)、聞き手は「じゃどこなんだ」ということが知りたくなる。そのため、(13) b も通常は次のような文脈で使われる。

(13)' b. 私は秋葉原でiPadを買った<u>のではない</u>。新宿で買った<u>のだ</u>。

同様に、(11) でも「X」が何かを特定する文が続くのが普通である。実例では次のようになっている。

(14) 彼（筆者注：北島）はけっして敗れたのではない。4大会連続入賞を果たしたのだ。（朝日新聞デジタル 2012.7.31）

このように、疑問文、否定文における「のだ」は決して扱いにくいものではない。しかし、文法が軽視されている現在の日本語教育界にあっては継子扱いされている。そして、その結果、学習者は不自然な日本語使用を強いられているのである[2,3]。

---

[2] 「のだ」に関してはさらに触れなければならない点がいくつかあるが、これについては、庵 (2013)、庵・三枝 (2013) を参照していただきたい。

[3] 「のだ」に関する本項の説明は野田 (1997) の「スコープの「のだ」」という概念に

学習者に「ツケ」を回さないために

　最後に、1つのエピソードを紹介したい。

　上述の上級レベルの授業で、「のですか」の使い方について説明した際、1人の中国人学習者が熱心に質問をしてくれた。例えば、「わかりましたか」とは言うが「わかったんですか」とは普通言わないのではないかとか、「わかったんですか」という言い方には「怒っている気持ちが入っている」のではないかとかいったことである[4]。彼女は授業の後、私のところへ来て次のように言った。

(15) 私は日本語学校のときに、先生から「日本人と話すときに、「んですか」を使うと、くどい感じになるので、「んですか」はできるだけ使わない方がいい」と習いました。それで、今まで「んですか」を使いたかったのですが我慢して使いませんでした。今日説明を聞いて「んですか」の使い方がわかったので、これからは安心して「んですか」を使います。

近い。しかし、野田（1997）では疑問文の場合がほとんど取り上げられていないこと、「スコープを広げる」ということが学習者にはわかりにくいものであることなどから、筆者はこの場合の現象は「前提」という概念を用いて説明した方がいいと考える。「スコープの「のだ」」に関する筆者の捉え方については庵（2000）を参照されたい。

[4] 「わかる」は必須補語を含まない文であるため、通常は焦点を持たず、そのため前提も持たない。そして、その結果「の」はつかない。「わかったんですか」が普通使われないのはそのためである。しかし、一度説明して相手がわかったと言ったのにもかかわらず変な反応をした場合には「わかったんですか」が使われる。これは、「（あなたはわかったと言っているが）本当にわかったんですか」ということで、「本当に」の部分が焦点になり、その結果、前提が存在するようになるため、「の」が必要になる。「わかったんですか」はそうした文脈で使われるので、「怒った気持ち」が入ることになるのである。なお、形容詞文、名詞文は通常必須補語を含まないので、「の」が入らないのが普通である。これらの場合に「の」を入れてしまうと、「わかった」の場合と同様の含意が生じ、（そうした意図がない場合には）聞き手に不愉快な気持ちを与えてしまうことになる。したがって、「形容詞文、名詞文では（原則として）「の」を使わない」と教える必要がある（cf. 庵・高梨・中西・山田 2000）。

このことを話してくれたときの彼女の晴れやかな顔がとても印象に残っている。逆に言えば、「文法軽視」のツケを学習者に回している現在の日本語教育の「罪」についてわれわれは大いに反省しなければならないと思う。

参考文献

安達太郎（1999）『日本語研究叢書11　日本語疑問文における判断の諸相』くろしお出版

庵　功雄（2000）「教育文法に関する覚え書き―「スコープの「のだ」」を例として―」『一橋大学留学生センター紀要』3、一橋大学

庵　功雄（2001, 2012^2）『新しい日本語学入門』スリーエーネットワーク

庵　功雄（2013）「「のだ」の教え方に関する一試案」『言語文化』50、一橋大学

庵　功雄・三枝令子（2013）『上級日本語文法演習　まとまりを表す表現―指示詞、接続詞、のだ、わけだ、からだ―』スリーエーネットワーク

庵　功雄・高梨信乃・中西久実子・山田敏弘（2000）『初級を教える人のための日本語文法ハンドブック』スリーエーネットワーク

菊地康人（2006）「受難の「んです」を救えるか」『月刊言語』35-12

寺村秀夫（1986）「『前提』『含意』と『影』」寺村秀夫（1993）『寺村秀夫論文集Ⅱ』くろしお出版に再録

野田春美（1997）『日本語研究叢書9　「の（だ）」の機能』くろしお出版

南不二男（1985）「質問文の構造」水谷静夫他『朝倉日本語新講座4　文法と意味Ⅱ』朝倉書店

4 Native-like ということ
日本語教育の多様性を求めて

　日本語教育のニーズは多様だと言われる。それに合わせて、学習者のニーズに合った教育をという流れも強い。しかし、一方で、学習者の欲求に対し、日本語教育が自ら道を閉ざしているのではないかと思われる部分もある。ここでは、その代表として「Native-like」ということを考えてみたい。

Native-like が強制された時代

　別項「11 「いつか来た道」を繰り返さないために」で扱う「簡約日本語」がメディアで取り上げられたとき、最も激しい拒否反応を示したのは、日本語が非常に流暢な外国人であった（cf. 田中 1989: 24-26）。拒否反応の理由はさまざまであっただろうが、端的に言えば、「自分たちがこんなに苦労して日本語を身につけたのに、「簡約日本語」でいいなんて馬鹿にするな」といったところではなかったかと思う。別項でも指摘したように、こうした反応にはある意味で野元菊雄氏の意図が正確に伝わらなかったためである部分もあるが、一方で、この当時の日本語学習者の立ち位置を示しているようにも思われる。すなわち、この当時の日本では、外国人が日本社会で認められるためには、日本人と同じように――Native-like に――日本語が話せるようになる必要があったのである[1]。

---

[1] この時代、日本語教育がこうした日本への同化政策の一翼を担っていたということに関する指摘については牲川（2012: ch. 4）が詳しい。

Native-like から自由になる

　さて、1990年代に入ると、こうした考え方に対する反省が生まれ、「Native-like を目指す必要はない」という主張が現れる。次に引用する文章はやや下った時代のものではあるが、こうした考え方をよく伝えているように思われる[2]。

（1）ある日本語スピーチ大会でのことである。「日本人のように話せるようになりたい」と思ってがんばった留学生のスピーチがあった。その A さんは、アナウンサーになるための練習にあるような早口言葉なども「日本人」顔負けというほどにがんばったとのこと。「青巻紙、黄巻紙、茶巻紙」と実演を交えて表情豊かに話す留学生だった。だが、A さんは練習していて、ふと変だなと気づく。日本人にもいろいろな日本語を話す人がいるのに、自分はなぜこんな練習をしているのだろう。アナウンサーになりたいわけではないし……。自分の国にもいろいろな方言を話す人がいるではないか。<u>自分らしい日本語で自分の言いたいことを表現できれば、それでよいのではないか</u>。「もっとお国なまりを楽しもう」という締めくくりの言葉に会場からは大きな拍手がわいたのだった。それは、このスピーチが、多くの学習者がどこかで感じていることを代弁したものだったからだと考えられはしないだろうか。（林 2006。下線筆者。石黒編著（2011: 第 1 部 第 5 課）も参照）

　この引用の特に下線部は「日本語教育の多様性」を考える上で

---

[2] この時代の日本語教育の言説の中にある、それまでの時代とは異なる意味での危険性については牲川（2012: ch. 5）が詳しい。また、合わせて同書の優れた書評である有田（2012）も参照されたい。

非常に重要なことであるし、また、土岐論文（土岐 2010）の言う「聞き手の国際化」ということにもつながる言明だと考えられる。

再び Native-like について─Native-like は「悪」なのか─

「Native-like を目指さなくてもよい」「みんなちがって　みんないい」（金子みすゞ）ということには筆者も賛成である。しかし、日本語教育界の現状を見ていると、素直にそれを賛美する気持ちにはなれない。

繰り返しになるが、「Native-like を目指さなくてもよい」という主張はその当時の、あまりにそれと対極的な時代状況においては全面的に正しかったと言える。「それと対極的な時代状況」とは、「Native-like になった人だけを日本社会の仲間に入れてあげる」という考え方である。そして、牲川（2012: 119-122）が紹介している宮地（1973）のような言明[3]にそうした考え方が凝縮されているように見える。

しかし、「Native-like を目指さなくてもよい」という主張はいつの間にか「Native-like を目指してはいけない」という主張に変わっていく。これは筆者が実際に聞いた講演での話だが、在京のＡ大学の日本語教育学の権威が講演の中で、日本語教育学を学んでいる留学生の大学院生に対して、「あなたたちが日本人と同じように日本語を使えるようになろうとするのは間違いだ。そんなものを目指す必要はない」といった趣旨の発言を一再ならずされていた。Ａ大学にも日本屈指の規模の日本語教育学の講座があるので、おそらくそこの外国人の大学院生もそうした話を聞いているのだろうと思うが、ここでは、明らかに「Native-like を目指すこと」が「悪」

---

[3] 具体的には、次の通りである。「「おはよう」を教えるなら「おじぎが自然に伴うように、更には微笑が浮かぶところまで教えなければ、本当に日本語を教えたとは言えない」（宮地 1973: 64）

であると規定されている。

　しかし、これは論理の方向性としておかしいのではないか。「Native-like を目指さなければならない」というのは、論理式で書くと、「∀x[P(x) → Q(x)]」……①（x が人であれば、x は Native-like を目指す）であろうが、これの否定は「∃x[P(x) ∧ ～Q(x)]」……②（x が人であり、かつ、x が Native-like を目指さない、ということがある =Native-like を目指さない人がいる）であって、「∀x[P(x) → ～Q(x)]」……③（x が人であれば、x は Native-like を目指さない）ではないはずである[4]。にもかかわらず、現在は①の否定は③であるのが当然であるかのように考えられている（少なくとも、そうした「空気」が学界を覆っている）。

　そして、そうした「空気」の存在を象徴するものの1つとして、日本語教育学会の大会での「文法」の発表件数の激減ぶりが挙げられる。筆者は本書出版前の直近の4大会で大会委員として大会の査読などに当たったが、「文法」に関する応募はほぼ皆無といっていい状況である。

　もちろん、ここは日本語教育学会であるから、特定の言語理論にもとづく発表や、重箱の隅をつつくような発表はご遠慮いただきたい。それは言うまでもないが、だからといって、日本語教育の現場で、「文法」が全く問題となっていないと言えるほど、今の文法の記述のレベルは高いと言えるだろうか。

　事実はおそらくそうではない。「文法」は今でも問題であり続けているのだろうと思われる。しかし、教師側がそれを問題として取り上げようとしていないだけなのではないか。そして、そうしたときの「免罪符」に、「Native-like にならなくてもいい」という言明が使われているような気がしてならない。

---

[4] 「なければならない」「てもいい」に対応する様相演算子は無視する。

「Native-like にならなくてもいい」という言明が真の意味で価値を持つのは、それが選̇択̇の̇余̇地̇を̇持って語られるときである。すなわち、「Native-like を目指さない」ことと、「Native-like を目指す」ことが対̇等̇な̇価̇値̇観̇として認められているかぎりにおいて、「Native-like にならなくてもいい」という言明は意味を持つ。そうではなく、「Native-like を目指さない」ことしか選択肢がない状況で「Native-like にならなくてもいい」という言明がなされるとき、それは（よく言っても）「余計なお世話」である。

学習者のニーズに応えられる日本語教育のために
―「超級になるための日本語教育」の必要性―

以上見てきたように、日本語教育界の現状においては「Native-like にならなくてもいい」という言明は、本来の意義を失い、「Native-like になりたい」という学習者の正当な願望を「門前払い」するための機能を果たしている。

そうした現状を打破し、学習者が持つ多様なニーズに応えられる日本語教育を目指すための重要な課題として、「超級になるための日本語教育」ということが挙げられる。

Native-like を目指す人は「超級」レベルであると思われるが、現在の日本語教育には、「上級から超級への学習シラバス」といったものはほぼ皆無である[5]。上級になったら、あとは「自助努力」で「超級」を目指しなさい、といったところであろうか。

しかし、そうした態度は明らかに日本語教育の怠慢であろう。これに関連して筆者が思い出すのは、土岐哲先生のことばである。別項「12 「聞き手の国際化」と「やさしい日本語」」で詳しく見るように、土岐先生は、「聞き手の国際化」を主張し、多様な日本語の

---
[5] その数少ない例外に山内（2009）がある。

あり方を認めるべきだと主張されてきた。それは、先生自身が（方言排斥（撲滅）論の犠牲となった）東北の出身であったことと密接に関係しているであろう。そうした土岐先生だが、一方で、「上級から超級への指導」ということにも心を配られていた。例えば、次のような趣旨のことを先生からお聞きしたことがある。

(2) アクセントは誰もが身につけなければならないものではない。しかし、学習者が日本語の正確なアクセントを身につけたいと希望したら、それに応えられるだけの知識と技術を日本語教師は身につけていなければならない。

これは音声教育の場合であるが、文法・語彙教育においては、「漢語」というのが1つの鍵になるのではないかと、筆者は考えている。

1例を挙げると、漢語に「的」が付くか付かないかという問題がある。これについて確定的なことを言うのは難しい。もちろん、「的」が付くか付かないかを辞書に登録するということは可能であろう。しかし、学習者が実際に話したり書いたりするときにそれを使えるかとなるとこれはかなり疑問である。

そうではなく、実際の産出においては「100%を目指さない」ことが重要だという立場（cf. 庵 2011）に立てば、例えば、次のようなストラテジーが考えられる。

(3) a. ナ形容詞には「的」をつけてはいけない。
b. ナ形容詞になり得ない名詞の場合は、その名詞に対応する英語の名詞が形容詞形を持っていれば、その名詞に「的」をつけてもよい。

このうち、(3) a にはほとんど反例がない（現代日本語書き言葉均衡コーパス（BCCWJ）を使ってこの点を調査した呉（2013）の結果による）。特に、中国語話者に限定して言えば、このことを徹底するだけでも誤用は大幅に減ると思われる[6]。

　一方、(3) b は次のような考え方にもとづいている。「な」は連体のマーカーであり、かつ、形容詞性のない語には付かないということから考えると、ナ形容詞ではない名詞の中で「な」が付く（その前段階として「的」が付く）のは、「名詞＋的」の形が意味的に形容詞性を持つ場合に限られる。そうした語の「的な」形（e.g.「社会的な」）が可能であるとすれば、それは、名詞の派生形としての形容詞形が存在する場合であるので、それを英語で考えると (3) b のようになるということである。

　この (3) a, b（特に b）の妥当性についてはより考察を深める必要があるが、もしこれが妥当であるなら、学習者にとっての利便性は相当高いと言えよう。

　これらの例はまだまだ数少ないケーススタディであるが、こうした事例を積み重ねていくことによって、「Native-like を目指す」学

---

[6] その理由は次の通りである。まず、日本語の「な」は「形容詞性」を持つ「語」にしか付かず、「形態素」には付かない。「な」を付けるには、「的」を付けて「語」のレベルにする必要がある。例えば、「優秀」は意味的に形容詞性を持ち、かつ「彼は優秀だ。」のように述定で使えるので、「優秀な」と言える。一方、「社会」は「語」ではあるが、意味的に形容詞性を持たないので、「*社会な」とは言えない。また、「具体」は意味的に形容詞性は持つが、「*彼の話は具体だ。」のように述定では使えないので「形態素」であり、そのため「*具体な」とは言えない。これらの場合は、ともに「的」を付けて「社会的」「具体的」にすると「語」であり、「社会的な」「具体的な」と言えるようになる。一方、「優秀」は既に「語」なので、「的」を付けて「語」にする必要がないので、「*優秀的な」とは言えない。これに対し、中国語の「的」は形容詞性があれば付くのと、中国語の「具体」は「他的说具体。」と言えるように、「語」レベルであるため、日本語に存在する「形態素」レベル（「具体」))と「語」レベル（「優秀」)の違いに中国語話者は気づかないのである。

習者のニーズに応えられるようになっていかなければならない[7]。

参考文献

有田佳代子(2012)「【書評】対立しあう信念間の対話のために 牲川波都季(著)『戦後日本語教育学とナショナリズム―「思考様式言説」に見る包摂と差異化の論理』」『リテラシーズ』11、くろしお出版(http://literacies.9640.jp/dat/litera11-2.pdf)

庵 功雄(2011)「100%を目指さない文法の重要性」森 篤嗣・庵 功雄編『日本語教育文法のための多様なアプローチ』ひつじ書房

石黒 圭編著 安部達雄他著(2011)『会話の授業を楽しくする コミュニケーションのためのクラス活動40』スリーエーネットワーク

河野俊之(2013)「超級になるための音声教育の実践 ―ビデオチャットを用いて―」2013年度日本語教育学会研究集会(北海道地区)発表要旨

呉 雪梅(2013)「中国人日本語学習者の「的」付きナ形容詞の習得に関する研究―BCCWJコーパス調査とアンケート調査の分析を通じて―」2012年度一橋大学言語社会研究科修士論文

牲川波都季(2012)『戦後日本語教育学とナショナリズム』くろしお出版

田中克彦(1989)『国家語をこえて』筑摩書房

土岐 哲(2010)「第16章 聞き手の国際化―音声教育の将来への展望―」『日本語教育からの音声研究』ひつじ書房

橋本直幸(2011)「学習者コーパスから見る超級日本語学習者の言語特徴」森 篤嗣・庵 功雄編『日本語教育文法のための多様なアプローチ』ひつじ書房

林さと子(2006)「クリティカルに日本を考える」鈴木健他編『クリティカル・シンキングと教育』世界思想社

宮地 宏(1973)「日本語教育への反省―アメリカでの教育の現状と問題点」『日本語教育』19

山内博之(2009)「第8章 上級文法について考える」『プロフィシエンシーから見た日本語教育文法』ひつじ書房

---

[7] こうした事例として音声教育における河野(2013)、文法研究における橋本(2011)が挙げられる。

⑤ 日本語教育奨励賞受賞記念スピーチ原稿
5分間バージョン

本項は、2012年5月26日に拓殖大学で開かれた2012年度日本語教育学会春季大会初日に、日本語教育学会の「日本語教育奨励賞」を受賞した筆者に与えられた記念スピーチのための原稿として用意したものである。この原稿は5分間時間があれば全て読み上げることができたが、実際には与えられた時間はそれより短かったので、実際のスピーチではこの一部のみを読み上げた。

ただいまご紹介にあずかりました、庵でございます。

本日は日本語教育奨励賞という名誉ある賞をいただき、誠に光栄に存じております。

受賞理由の中で、私がここ数年来関わっております、「やさしい日本語」、日本語教育文法ということを評価していただいたことは本当にありがたく、ともに研究を行っている仲間とともに心から喜びたいと思います。

そういうことから、本来ならこの場でお礼のことばを述べるのが適当かとは思うのですが、本日は私に与えられた時間を使って、私が最近考えていることをお話しさせていただきたいと思います。

危機にある日本語教育学会

私は、日本語教育学会は現在危機的状態にあると考えています。

それは、学会が会員の学会への期待に十分に応えられていないと考えるからです。

私は現在の学会員の構成を詳しくは存じませんが、大学などのアカデミックな機関の専任教員は全体の過半数にも達しないだろうということは見当がつきます。そうすると、残りの過半数は、大学院生、日本語教師、ボランティアの方ということになります。今の学会はこの人たちのニーズに応えられているでしょうか。私の答えは否定的です。

　まず、大学院生について言えば、彼／彼女たちの最大の関心事は学会誌に論文が載ることだと思われますが、それが最近、極めて狭き門になっています。学会誌なのだから、採択率が低いのは仕方がないとおっしゃる方がいらっしゃるかと思います。それは確かにそうですが、本当にここまで採択率が低くなるほどひどい論文ばかりが投稿されているのでしょうか。査読協力者というシステムができて以来、外部査読者として査読に関わってきた者として、そうではないのではないかと考えます。

査読の問題

　では、なぜここまで採択率が低いのでしょうか。それには査読側にも問題があるように思います。査読の基本的な心得として、「書いてある内容には賛成できないが、論理的に整合的であるなら通す」ということがあります。これは理系の雑誌では大前提になっていることですが、本学会誌ではこの基準が本当に守られているでしょうか。

　現在のデフレ不況下にあって、大学院生にとって1万円の年会費を払うことは極めて大きな負担です。それでも、彼／彼女たちが会員になっているのは論文を投稿するためでしょう。しかし、学会誌に論文が載ることがほとんど期待できないという状況が続けばどうなるか。大学院生の会員が雪崩を打ってやめていくことが予想されます。

私は何も救いようがない論文を通せと言っているわけではありません。私が言いたいのは、「穴はあるが、発展性がある」論文は積極的に通していくべきだということです。

学会に求められるもの —「明日の授業で使える研究」の掘り起こし—
　次に、日本語教師とボランティアの会員についてです。この人たちにとっても、1万円の年会費は大きな負担であるはずです。にもかかわらず、この人たちが学会に入っている理由は、おそらく学会誌や学会発表の中から自分たちの日々の実践に役に立つ情報が得られると期待しているからだと考えられます。

　しかし、今の学会はそうした期待に応えているでしょうか。私はこの点についても極めて懐疑的です。

　例えば、今の学会誌の論文の中に、それを読んで、明日の授業にすぐに役に立つものがどれだけあるでしょうか。他の分野のことはおいて、文法に関して言えば、残念ながらそうしたものは必ずしも多くないと言わざるを得ません。

　もちろん、学会誌はアカデミックな論考を発表する場ですから、その中に理論的なものがあってもかまいません。しかし、日本語教育学が「応用言語学」であると主張するのなら、それを応用するために、何人もの解説を聞かなければならないような論文ばかりを載せるというのは健全な状況であるとは思えません。

　私が提案したいのは、学会誌にも大会にも、「現場の声」を形にした論考を発表するための枠を設けるということです。現場の日本語教師の方は、日々の教育実践の中でさまざまな「技（経験値）」をお持ちのはずです。そうした経験値を形にした論文を、特別の枠を作って学会誌に載せたり、大会でもそうした論考を発表するための枠を設けるということを提案したいと思います。

　「明日の授業で使える研究」を学会が積極的にオーソライズして

いく。これこそ、今、学会がなすべきことではないでしょうか。まもなく、日本語教育学会は「公益社団法人」として新たな歩みを始めることになります[1]。公益社団法人になる以上、「社会貢献」をこれまでよりもはるかに強く求められます。そして、学会がなすべき最大の社会貢献は、「明日の授業に役に立つ研究」を奨励し、自らも実践していくことに他ならないと思います。

日本語教育学会の未来に向けて

　以上、忌憚のない意見を述べさせていただきました。お聞きになった方の中には感情を害された方もいらっしゃるかもしれません。もし、私の発言の中に不穏当な部分があったとすれば、その点についてはお詫び申し上げます。ただ、私の発言は、公益社団法人としての日本語教育学会の前途を憂慮する気持ちから生じているものですので、その点に免じてご寛恕いただければ幸いです。

　私見に賛同していただける方がいらっしゃれば、是非手を携えていきたいと思います。

　最後になりましたが、このような貴重な機会を与えてくださった関係各位に心からお礼申し上げます。

　本日はありがとうございました[2]。

---

[1] 2013年4月1日をもって、公益社団法人日本語教育学会が発足した。
[2] 本項の内容は「22　査読とは何か」と関連が深いので、合わせて参照していただきたい。

6　日本語とニホン語[1]
日本語教育文法の担い手としての非母語話者

　日本語教育文法という分野がある。この分野は非母語話者が力を発揮しやすい分野でもある。ここでは、日本語教育文法と非母語話者の関係について述べる。

日本語教育文法とは[2]
　別項「13 「世界」との対話をなくした日本語学」で述べているように、寺村秀夫氏の文法研究の目的は「日本語教育に役立つ文法」(「実用文法」)を作成することであったと考えられる。しかし、これも別項で述べたように、寺村氏の死後、その遺志はほとんど継承されてこなかったと言える。そして、日本語学が日本語教育との真の関連性を忘れたまま「発展」を続けた結果、日本語教育との間に決定的な溝ができ、両者は「半離婚状態」(庵 2011a)になってしまった。

　こうした両者の関係性を取り戻すべく始まったのが「日本語教育文法」という考え方である。いずれにしても、「日本語教育文法」という名称が登場するのは基本的に 2000 年代に入ってからである。小林 (2013) が述べているように、「日本語教育文法」と一口に言ってもその内実はさまざまである。ここでは、筆者が考える「日本語教育文法」をベースに考えていきたい。

---
[1] 本項は 2013 年 3 月 18 日に台湾の東呉大学で行った講演の内容にもとづいている。
[2] 本節の内容は基本的に庵 (2011a, 2012) にもとづく。

私見では、「日本語記述文法（日本語学）[3]」と「日本語教育文法」の最大の違いは、前者は母語話者の内省に依存した「理解レベル」のものであるのに対し、後者は「産出レベル」のものであるという点である。

　日本語記述文法が理解レベルの文法であるというのは、この場合の記述が母語話者（ないし、母語話者に近いレベルの内省能力を持つ非母語話者）が持つ文法能力（grammatical competence）に依存したものであるということである。ここでの文法能力とは次の2点からなる[4]。

（1）a. 母語話者は母語の文に関してはそれが文法的に正しいか否かを判断できる。
　　　b. 母語話者はモニターが働く場合には正しい文のみを産出する。

　このように、日本語記述文法が母語話者の文法能力を前提としたものであるとすると、そこでは理解レベルと産出レベルの違いは原則的に問題とならない。原理的には、どれほど複雑な文であっても母語話者は文法性は判断できるので、文法を記述する人が母語話者と同等の内省力を持っていれば、それを利用して記述すればよいと

---

[3] 「日本語記述文法」という用語は「日本語教育文法」以上にその内包が不明確である。ここでは、一応「日本語記述文法」を狭義の「日本語学」と同義としておく。

[4] これは概略 Chomsky の I-Language の前提に近いものである。もちろん、いわゆる「気づかれない方言」という現象に象徴されるように、母語話者の内省が常に完全に一致するわけではない。また、(1) b に違反する現象を E-Language の問題だとしていいかという問題はある。ただし、もし、(1) を前提しなければ、どのような文法理論も成り立たないというのも事実である。なぜなら、(1) a が成り立たないとすれば、文法的（grammatical）という概念自体が存在し得なくなるし、(1) b が前提できなければ、どれほど大量に母語話者のデータを集めてもそれが正しいという保証がないので、帰納的に文法性を論じるということが不可能になるからである。

いうことになる。

　これに対して、日本語教育文法では学習者の内省力を前提にすることはできないので、記述の仕方は大きく変わってくる。詳しくは庵（2011b）に譲るが、日本語教育文法ではできるだけ規則の数を減らし、内容をわかりやすくする必要がある。それとともに重要なのは「100%を目指さない」ということである。

日本語とニホン語

　さて、日本語教育文法がこのようなものだとした場合に、そこにはどのような特徴が見られるだろうか。この点について、示唆的な考察をしているのが白川（2002a）である。

　白川（2002a）は、日本語母語話者が母語として習得した日本語を「日本語」と表記する一方、日本語を世界の言語の1つとしてあたかも外国語のように客観的に捉え直したときに見えてくる日本語を「ニホン語」と表記し、日本語教育文法が記述すべき対象は後者であると述べている[5]。

ニホン語を記述するために必要なこと

　日本語教育文法が記述すべき対象が「ニホン語」だとした場合、それを記述するためにはどのようなことが必要なのだろうか。白川（2002a）はそのためには自分を日本語学習者の立場に置くことが必要であるとする。しかし、実際にはこれは容易ではない。そこで、白川氏はそれを疑似体験するための手段として、学習者の「誤用」を見ることを勧める。白川氏が述べていることの中で、特に傾聴す

---

[5] 厳密に言うと、白川（2002a）には「日本語教育文法」という用語では出てこない。ただ、白川（2002b, 2005）などと合わせて考えると、白川（2002a）の主張をこのように読み替えてもその趣旨を損なうことにはならないと考える。なお、白川（2002a）に関してはその解説である庵（2002）も合わせて参照されたい。

べきなのは次の部分である。

> (2) 外国人といえどもこれは誤用だと確信しながら文を発する人はいない。自分なりの理解に基づいて、文法的にこれで正しいと思う文を発話した結果が<u>たまたま</u>間違っているのである。(白川 2002a。下線筆者)

日本語教師はともすれば、「誤用」と学習者の能力を同一してしまいがちであるが、そうした見方からは、少なくとも第二言語習得関連の適切な研究は生まれない。第二言語習得研究の真の意義は、こうした学習者の言語能力のそれぞれの相(phase)を丹念に記述し、そこに通底する体系を明らかにすることにあるからである(cf. 大関 2012)。

日本語教育文法の担い手としての非母語話者

さて、以上のように考えると、必然的に、日本語教育文法研究の担い手として適しているのは次の順番になることがわかる。

(3) a. (日本語の運用能力が一定レベル以上の) 非母語話者
b. 日本語教師
c. (モノリンガルの) 大学院生

(3) a について言えば、非母語話者に見えている「日本語」がまさに「ニホン語」なので、非母語話者は、自分自身の経験を含め、「ニホン語」の記述には最も向いていると言える。なぜなら、母語話者には「非母語話者が何がわからないかがわからない」ので、この点で、母語話者は非母語話者より不利だからである。

そうした母語話者の中で、最も日本語教育文法研究に向いている

のは日本語教師である。なぜなら、日本語教師が日々活動している教室は、(2)で白川氏が指摘しているような意味での「論理的な間違い」の宝庫であり、それを訂正する過程で、日本語教師はそうした誤用が持つ体系性や日本語とその言語の違い方などに触れることになるからである[6]。

　これに対し、モノリンガルの大学院生はそのどちらの利点も持たないため、日本語教育文法研究においては最も不利である。逆に、日本語記述文法研究では、この順番が逆になる。つまり、日本語の内省力が前提とされるので、非母語話者は最も不利になる[7]。

　以上のことから、日本語教育文法研究の担い手として最も適しているのは非母語話者であると言える[8]。非母語話者の人にはこの点を考慮して研究対象を決めてほしいと思う。

参考文献
庵　功雄（2002）「書評　白川博之「外国人のための実用日本語文法」」『一橋大学留学生センター紀要』5、一橋大学

庵　功雄（2011a）「日本語記述文法と日本語教育文法」森・庵編（2011）

---

[6] これに関して重要な示唆を与えているのが山内（2013）である。ここで山内氏は、学習者の誤用を訂正する全ての場合が原理的に誤用と正用の類似表現研究の場になること、そして、その研究を手順を踏んで行えば、日本語教師としての能力が鍛えられるだけでなく、研究論文のヒントが得られる可能性が高いことを指摘している。

[7] もちろん、これは非母語話者には日本語記述文法の研究はできないということを主張しているわけではない。非母語話者であっても一定の訓練を受ければ、母語話者と同等かそれ以上に優れた日本語記述文法の論文を書くことは十分可能である。ただし、日本語記述文法を選ぶと、非母語話者としてのアドバンテージを放棄することになるのは確かである。

[8] ただし、日本語教育文法研究において非母語話者が有利であると言っても、それは、その人が、自ら日本語を習得してきた過程や、周りの他の学習者の習得過程を客観的に把握できる場合に限られる。それができなければ、その人は非母語話者としてのアドバンテージを失っているということになる（もちろん、だからといって日本語教育文法研究ができないわけではないが）。

所収
庵　功雄（2011b）「「100%を目指さない文法」の重要性」森・庵編（2011）
　　　所収
庵　功雄（2012）「日本語教育文法の現状と課題」『一橋日本語教育研究』
　　　創刊号、一橋大学
大関浩美（2012）「「誤用分析」「習得順序研究」から抜け出すことの必要性
　　　―SLA研究は学習者言語から何を明らかにしようとしているのか―」
　　　『2012年度第二言語習得研究発表会予稿集』
小林ミナ（2013）「日本語教育文法の研究動向」『日本語学』32-7
白川博之（2002a）「外国人のための実用日本語文法」『月刊言語』31-4、大
　　　修館書店
白川博之（2002b）「記述的研究と日本語教育―「語学的研究」の必要性と
　　　可能性―」『日本語文法』2-2
白川博之（2005）「日本語学的文法から独立した日本語教育文法」野田尚史
　　　編『コミュニケーションのための日本語教育文法』くろしお出版
森　篤嗣・庵　功雄編（2011）『日本語教育文法のための多様なアプローチ』
　　　ひつじ書房
山内博之（2013）「日本語教師の能力を高めるための類似表現研究」『日本
　　　語／日本語教育研究』4、ココ出版

7 とらわれを捨てることの重要性
日本語話者に対する韓国語教育を例に

　日本語教育では韓国語話者は例外的に扱われることが多い。「やっぱり韓国人だからね。すぐできるようになるね」といったことが当たり前のように言われるように、韓国語母語話者は日本語が比較的容易に習得できると考えられている。
　こうしたことが言われる背景には、日本語と韓国語が語順は同じであるとか、「は」と「が」の違いに対応するものがあるとか、いろいろなことがあるであろう。

日本語話者の韓国語習得
　ここでちょっと考えてみたいことがある。では、これと同じことが日本語話者が韓国語を学ぶ場合にも言われているだろうか。つまり、「あの人は日本人だから、韓国語がすぐにうまくなるね」ということである。実際はその逆ではないだろうか。日本人に聞くと、「韓国語は難しい」と答える人が多いだろうし、韓国人教師も日本人が韓国語が話せるのを当たり前だとは思っていないのではないだろうか。
　このことは表立って問題にされたことはほとんどないように思われるが、考えてみると不思議なことである。韓国語話者が日本語ができるのは当たり前なのに、日本語話者は韓国語ができなくても当たり前、というのは何かおかしいのではないか。
　ではなぜ、日本語話者は「韓国語は難しい」と思っているのであ

ろうか。考えられる最大の理由は発音である。日本語話者にとって、韓国語の発音はかなり難しい[1]。そして、多くの学習者は発音とハングルで挫折するわけである。

　もちろん、そこには日本語話者の側にも大きな問題がある。学習のモチベーションが低いとか、努力が足りないといったことがあることは事実である。しかし、韓国語教育側にも問題がないとは言えないのではないだろうか。

　周知のように、韓国語にも日本語と同じく「漢字語[2]」が数多く存在する。全語彙数に対する漢字語の割合は日本語よりも多いそうである。簡単な話、最も有名な韓国語である「アンニョンハセヨ」からして、「アンニョン」は「安寧」であり、漢字語である。

　このことは非常に重要な含意を持っていると筆者は考える。上の「アンニョン」について言えば、日本の漢字の音読みで「ん」で終わるものは韓国語でも [-n] で終わるし、日本の漢字の音読みで長音になるものは韓国語では [-ng] になる。これには原則として例外はない。それは、これらがそもそも、日本語話者、韓国語話者が同じ中国語の音を自分の言語の音声体系で聞き取ったものだからである。

　そうすると、同じようにやっていけば、日本語母語話者は、少なくとも、語彙に関しては韓国語学習において、(中国語話者を除く)全ての話者よりも非常に大きなアドバンテージを持っているということがわかる。

　それに加えて、文法においても同様のアドバンテージは見られ

---

[1] 実は、日本語話者にとってはほとんどの外国語の発音は難しい。それは、日本語(共通語)が音声的には世界的に見て最も典型的な言語であるためである(cf. 柴谷 1981、角田 2009)。
[2] 本書では、日本語についてのみ考える際は「漢語」、他言語と合わせて考える際は「漢字語」という用語を用いることにする。

る。例えば、少なくとも助詞は、非常にラフに言えば、ほぼ1対1に対応すると言えるだろう。もちろん、韓国語話者が、日本語の特定の複合格助詞を間違えるというように、必ずしも対応がつかないものもあるとは思われるが、そうした対応のずれは全体から見ればずっと小さな問題であるはずである。

日本語話者のための韓国語教育の必要性
―「とらわれ」を捨てることの重要性―

このように、日本語話者は本来、韓国語学習において、非常に大きな潜在的ポテンシャルを持っている。にもかかわらず、日本語話者が韓国語を難しいと思い、韓国人教師も日本人ができないのはおかしいと思わないのは、韓国語教育がある「とらわれ」に支配されているからではないかと思われる。

その「とらわれ」というのは、「外国語教育は一般的(generic)にしなければならない」ということである。つまり、シラバスは何語の話者に対しても使えるように作らなければならず、特定の話者に対しての教育ということは考えるべきではないということである。それに加えて言えば、韓国語では音声が大事だから、最初に音声を徹底的にやっておく必要があるということもあるだろう。

「韓国語教育は generic に」、「韓国語教育では音声を大切に」、どちらもまっとうな主張である。ほとんどの場合はそれでいいであろう。しかし、こと日本語話者向けの韓国語教育ということで言うと、それは疑問ではないかと筆者は考える。

まず、前者について言えば、上記のように、日本語の中には韓国語との共通性を示す語彙が相当数存在する。しかも、漢字語に関しては、韓国語話者が日本語を学ぶ場合よりも、日本語話者が韓国語を学ぶ場合の方が有利である。なぜなら、韓国語では現在、漢字表記はほとんど行われておらず、漢字を学ぶためにはわざわざ習わな

ければならないのに対し、日本人は漢字語を日常生活の中で駆使しているので、単に音声上の対応関係だけを覚えればよい、ということであるからである。これを使わない手はないと筆者は考える。

次に、音声であるが、確かに、韓国語の発音は日本語話者にとって難しい。特に、聞き取りとそれをハングルで表記することは相当に難しい。しかし、難しいことを難しいこととして教えるのが適切であるかというと、これは話が別である。

例えば、平音（無気音）、濃音（声門閉鎖音＝日本語の促音に相当）、激音（有気音）の区別について言えば、これを言い分ける練習はした方がいいと思うが、これを聞き分ける練習は初めのうちはあまりしつこくしない方がいいと思われる。この聞き取り練習の日本語版は無声音（清音）と有声音（濁音）の区別だが、これを初級の初期のときに徹底してやったら、韓国語話者（および中国語話者）は自信を失ってしまうだろう。しかし、今の韓国語教育（および中国語教育）はそれを行っているのではないだろうか。

このことは発音練習をおろそかにしてもいいということを言っているわけではない。ただ、少なくとも最初は発音し分けられるレベル、それも、自分なりの基準で言い分けられるレベルまでで留めておいた方がいいのではないかということである。

韓国語教育が初級において発音教育を徹底しているのに比べると、日本語教育は初級ではほとんど音声教育を行っていないと言えるほどである。そして、その結果、韓国語話者は他の話者に比べて、少なくとも発音に関しては特に優れているというわけではないのが実態である。そういうことから、初級においても、または少なくとも中級以降においては発音指導をもっと取り入れる必要がある。しかし、現在のように、初級において発音を重視しない方式をとっていることが日本語学習者のドロップアウトを防いでいるという側面も無視できない。逆に言えば、韓国語教育（および、中国語

教育）はこの点において工夫の余地があるのではないかと思われる。

　あるいは、発音を今のように重視するとしても、ゴールを提示しつつ行うということも考えられる。つまり、上述のような日本語の漢字音と韓国語の漢語の対応関係を示して、「今、この発音ができるようになれば、これだけの語彙が使えるようになる」ということを学習者に示しつつ行えば、学習のモチベーションを保つことができるのではなかろうか。

　次に、文法であるが、これについても言いたいことがある。

　日本国内の日本語教育では、学校文法の活用を使うのは不適とされている。確かに、タ形がないなど、理論的には問題が多いことは確かであり、筆者自身、そのことを批判してきている（cf. 庵 2012、庵・高梨・中西・山田 2000）。理論的にはもちろんそうであるし、現行の初級シラバスを前提とするかぎり、五段活用と言っても、それに対応するものが全て出てくるとは限らない。逆に、全て出すことは問題である[3]。それはそうであるが、「未然、連用、終止、連体、仮定、命令」ということで、日本語の活用形がほぼ大づかみにできるというメリットがあるのも事実である[4]。特に、一般の日本語話者でもこの学校文法の活用表は知っているという点は重要である。

　そこで、韓国語教育の側で検討していただきたいのは、韓国語文法においても、こうした「活用表」を作る（それも、庵・高梨・中西・山田（2000）のようなものではなく、学校文法のような簡単な

---

[3] 体系にあるものを全て出そうとすると、野田（2005）の言う「体系主義の悪影響」の問題が出てくる。特に、命令形を産出させることは絶対に避けるべきである（cf. 井上 2011）。

[4] 中国国内における日本語教育の最新版である『基礎日本語シリーズ』ではこうした点を重視して、学校文法の体系を採用したとのことである（cf. 曹 2011）。

ものを作る)ということである。つまり、学習者にとって、必要な活用に関する知識をコンパクトにまとめて鳥瞰できるものを作って、それを覚えれば、大体韓国語の活用がわかるという形にしてほしいのである。そうすれば、本来、日本語と韓国語の間には強い近接性があるのだから、日本語話者にとって韓国語学習がずっと容易になるはずである。

　こうした「活用表」ができれば、他の言語の話者にとっても有益であろうが、同じく膠着語であり、助詞はほぼ対応するといった強い類似性を持つ日本語話者にとって最も益するところが多いことは間違いない。

母語の違いに配慮した日本語教育へ

　もちろん、こうした工夫をしても、日本語と韓国語の間にある程度の差異がある以上、全ての日本語話者が韓国語を話せるようになるわけではない。しかし、現状のように、英語話者が韓国語を学ぶのと、日本語話者が韓国語を学ぶのとを同列に扱うというのはあまりにも非効率である。

　このことは翻って言えば、韓国語話者に対する日本語教育についても再考を促すことになる。つまり、韓国語話者に対する日本語教育においては、韓国語話者にとって自明なことについては「韓国語と同じ」として進めていけばよい (cf. 井上 2005)。逆に、韓国語話者にとって躓きやすいところは明示的に指摘する必要がある。その1例が漢語サ変動詞の自他であるが、これについては別項「15 新しい対照研究の可能性」で述べることにする。

　さて、以上述べてきたことは、実は、日本語話者に対する中国語教育についても言える。中国語の場合、韓国語以上に発音が重視されるため、初期の教育がほとんど発音に費やされるということも珍しくない。実際、大学の第二外国語で中国語を取ったが、一学期ず

っと発音だったという人も多いのではなかろうか。

「中国語では発音が命」というのはもちろん事実である。しかし、そこでも、上記のと同じように、ゴールを示しつつ練習させるということが重要であろうし、有気音と無気音の聞き分け(「言い分け」ではない)にばかり時間をかけるのは学習者をいたずらに意気阻喪させるだけであるということに留意すべきである。

日本語話者は漢字語を持っており、しかも、大学生であれば、最低限の漢文の知識も持っている。そうした潜在的な能力を有効に活用すれば、日本語話者に対する中国語教育も飛躍的に進む可能性が高いと筆者は考える。

このことは翻って考えると、やはり中国語話者に対する日本語教育においても、「母語」について言及することが重要だということになる。母語の転移を積極的に利用することが重要なのである。もちろん、そのためには理論的にも記述的にも詰めていくべきことが多いが、日本語学習者の7割を中国語話者が占めるという現実に鑑みれば、「母語」をタブー視しないことは極めて重要である[5]。

以上、日本語話者に対する韓国語教育を中心に、筆者の考えを述べた。筆者が最も主張したいことは「とらわれを捨てる」ということである。「外国語教育は generic にしなければならない」「初級では音声をまず固めなければならない」といったことは一見すると自明のことのように聞こえるが、時と場合によっては必ずしもそうではない場合もあるということを考える必要がある。そして、この考え方は、そのまま、韓国語話者、中国語話者に対する日本語教育においても当てはまる。そこから出てくる結論は、「母語の違いに配慮した」日本語教育の重要性である。

---
[5] このことを早くから主張してきているのが我が畏友張麟声氏である。中国語話者に対する日本語教育についての氏の見解については張(2011)などを参照されたい。

参考文献

庵　功雄（2012）『新しい日本語学入門（第2版）』スリーエーネットワーク
庵　功雄・高梨信乃・中西久実子・山田敏弘（2000）『初級を教える人のための日本語文法ハンドブック』スリーエーネットワーク
井上史雄（2011）「命取りの命令形」『日本語学』30-10
井上　優（2005）「学習者の母語を考慮した日本語教育文法」野田尚史編『コミュニケーションのための日本語教育文法』くろしお出版
柴谷方良（1981）「日本語は特異な言語か？」『月刊言語』10-12、大修館書店
曹　大峰（2011）「内容と能力を重視した日本語教育へ向けて―中国語母語話者向けの新しい日本語教材の開発―」『日本語／日本語教育研究』2、ココ出版
張　麟声（2011）『新版　中国語話者のための日本語教育研究入門』日中言語文化出版社
角田太作（2009）『世界の言語と日本語（改訂版）』くろしお出版
野田尚史（2005）「コミュニケーションのための日本語教育文法の設計図」野田尚史編『コミュニケーションのための日本語教育文法』くろしお出版

§2

「やさしい日本語」をめぐって

8 「やさしい日本語」の本質とその可能性

　筆者がここ数年来携わっている仕事に「やさしい日本語」に関するものがある。このセクションでは、この「やさしい日本語」という概念がどのようなものであるのか、なぜ必要なのか、どのような方向性を目指すのか、といったことについて述べてみたい。

「やさしい日本語」とは

　「やさしい日本語」という語を、「日本語に何らかの制限を加える」という意味に解釈すると、その歴史は江戸時代にまで遡る。明治期においても、明治初年に福沢諭吉が書いた「文字之教端書」には明確に漢字制限論（最終的には漢字を廃止すべきということを含む）が述べられている。その第2条を引用してみよう（下線筆者）。

(1) 一　［漢字廃止の］時節ヲ待ツトテ唯手ヲ空フシテ待ツ可キニモ非ザレバ、今ヨリ次第ニ漢字ヲ廃スルノ用意専一ナル可シ其用意トハ文章ヲ書クニ。ムツカシキ漢字ヲバ成ル丈ケ用ヒザルヤウ心掛ルコトナリ。ムツカシキ字ヲサヘ用ヒザレバ、漢字ノ数ハ二千カ三千ニテ澤山ナル可シ此書三册ニ漢字ヲ用ヒタル言葉ノ数。僅ニ千ニ足ラザレドモ、一ト通リノ用便ニハ差支ナシ。コレニ由テ考レバ、漢字ヲ交ヘ用ルトテ左マデ學者ノ骨折ニモアラズ唯古ノ儒者流儀ニ倣テ妄ニ、<u>難キ字ヲ用ヒザルヤウ心掛ルコト緊要ナルノミ</u>。故サラニ難文ヲ好ミ其稽古ノタメニトテ。漢籍ノ素讀ナドヲ以テ子供ヲ窘ルハ。無益ノ戯ト云テ可ナリ（福沢諭吉「文字之教端書」）

この引用文中の特に下線部は現在にも通じる教えであるように思われる。

　さて、飛んで近年の研究で言うと、まずは野本菊雄氏の「簡約日本語」が挙げられるが、「簡約日本語」については別項「11 「いつか来た道」を繰り返さないために」である程度詳しく述べるので、ここでは割愛する。

　次に挙げられるのが、佐藤弘之氏らのグループの一連の研究である。この研究は、1995年の阪神淡路大震災の際、日本語も英語も十分にできなかった外国人が二重の意味で被災したという苦い経験を目にした心ある言語学者たちが始めた、災害時の情報提供のあり方を実証的に研究したものである。専門用語としての「やさしい日本語」という語はこのグループの研究において初めて用いられたものである。

　こうした災害時の情報提供という文脈における「やさしい日本語」の研究の重要性は言うまでもないが、「やさしい日本語」は非常時にのみ必要なものではない。むしろ、「やさしい日本語」は平時にこそ必要であると言える。こうした意味で、筆者たちの研究グループでは、「やさしい日本語」という語を、平時における情報弱者に対する情報提供のあり方を表すものとして用いている。このあたりの点について詳しくは、庵・岩田・森（2011）、岩田（2013）を参照していただきたい。

「やさしい日本語」の3つの柱[1]

　「やさしい日本語」を上記の意味で用いる場合、そこには次の3つの柱がある。

---

[1] 本節と次節の内容については庵（2013a, 2013b）も参照されたい。

(2) a.「補償教育」としての「やさしい日本語」
　　b. 地域社会の共通言語としての「やさしい日本語」
　　c.「ミニマムの文法」としての「やさしい日本語」

　本項ではこのうち、aについて述べ、bについては次項、cについては次次項で述べることにする。

「補償教育」としての「やさしい日本語」

　「やさしい日本語」を構成する第一の柱は「「補償教育」としての「やさしい日本語」」である。

　「補償教育」というのは山田（2002）の用語で、定住外国人[2]が母語を使って自己実現できる、真の意味の多言語社会に日本がないことを日本側が詫び、その償いとして、日本社会で生きていく上で必要な日本語能力を獲得できる機会を保障する、という考え方である[3]。筆者たちの研究グループでも、この考え方に共感し、そうした

---

[2] この「定住外国人」という語は、法的には「法務大臣が特別な理由を考慮し一定の在留期間を指定して居住を認める者」（出入国管理および難民認定法）であり、「永住者」および「永住者の配偶者」のいずれでもない人のことを指し、日常言語の用法とはかなりのずれがある（cf. イ 2013）。この語を用いる際にはこの点に注意が必要であるが、本書では日常言語としての使い方でこの語を用いることにする。

[3] 山田（2002: 126）の原文は次の通りである。

　これ［補償教育］は、上で述べたように、日本社会にあって「外国人」の大人も子どもも十全な自己実現を果たすためには、社会が多言語に対応していない現状では日本語の習得が不可欠となっていることと関係があります。本来ならば社会を多言語に対応させるべきですが、現状ではそうでないという不条理を日本側が詫び、そのかわり自己実現を可能にする一定以上の日本語能力が習得できる機会を［償い］として保障するというものです。（中略）もちろん、それは行政等の責任が持つ機関によって行われなければなりません。忘れてならないのは、この「補償教育」と並行して多言語に対応する社会作りを進めることです。（中略）取りわけ、子どもたちの教育については、その発達という面を考慮して母語対応、

補償教育の対象としての「やさしい日本語」の内実を具体的に検討してきている。その具体的な成果の1つが庵（2009, 2011）で論じているStep1, 2の文法シラバスである。

この意味の「やさしい日本語」が目指すことは、次のようなことである。

第一は、定住外国人が日本社会において安心して生活できるために必要な日本語能力を身につけられるようにすることである。「自己実現」といっても目指すところは人によって違う。しかし、最低限、日本社会の中で安心して生活できるだけの日本語能力（その中には、困ったときに周囲の日本語母語話者に助けを求めることができるといったことも含まれる）を身につける必要があるということは疑いの余地がない。なお、この点に関しては、定住外国人の周囲にいる日本語母語話者の意識が変容することが何にも増して重要であるが、詳しくは次項で述べることにする。

第二は、第一の意味の日本語力が身についた外国人が利用できる形で「やさしい日本語」を用いた情報提供が行われるように、環境の整備を行うことである。これに関しては、昨年度からNHKがWebで提供している「やさしい日本語」によるニュース（News Web Easy[4]）が非常に重要な役割を果たしている。今後、このニュースの枠が維持・拡充されていけば、日本国内の地域日本語教育だけではなく、海外の日本語教育においても飛躍的な効果が得られるようになるものと期待される。

この第二の点に関連して筆者たちの研究グループが取り組んでいるのが、「やさしい日本語」による公的文書の書き換えである[5]。こ

　　つまり多言語対応がどうしても必要と考えます。

[4]　http://www3.nhk.or.jp/news/easy/

[5]　日本学術振興会科学研究費助成金・基盤研究（A）「やさしい日本語を用いたユニバーサルコミュニケーション社会実現のための総合的研究」（研究代表者：庵功雄　平

の取り組みについて詳しくは、庵・岩田・森（2011）、庵・岩田・筒井・森・松田（2010）などを参照されたい。さらに、今年度から横浜市のホームページの内容を「やさしい日本語」で書き換え、かつ、その際に、書き換えの基準を横浜市と協働して策定するという事業も開始している。特に、この協働事業によって、これまでともすれば、書き換え者側と行政側の間に存在したある種の「不信感」をなくし、行政文書として承認された形での「やさしい日本語」による公的文書が登場することになる。これに対応することは、報道文においては、上述の News Web Easy において実現しているものだが[6]、行政文書においてもこうしたことが実現すれば、そのことが持つ含意は非常に大きいと言える。こうした形で、行政と協働することは、日本語教育界積年の悲願の1つである、定住外国人に対する初期日本語教育の公的保障を実現するための有力な方策であると考えられる。

「多文化共生」の前提条件

本項の最後に、「多文化共生」ということについて、少し考えておきたい。

定住外国人について語る文脈でしばしば使われるのが「多文化共生」ということばである。しかし、「多文化共生」ということを、日本社会全体の課題として考えるとすれば、その前提条件として考えておくべきことがある。

成22年度〜25年度）、日本学術振興会科学研究費助成金・基盤研究（A）「やさしい日本語を用いた言語的少数者に対する言語保障の枠組み策定のための総合的研究」（研究代表者：庵功雄　平成25年度〜28年度）

[6] News Web Easy において、実際に「やさしい日本語」版のニュースが流されるまでに、現場の記者と書き換え者などの間でどのような相互交渉が行われているかについては、田中ほか（2013）を参照していただきたい。

それは、外国人を「生産／社会生活の調整弁」と考えてはならないということである。「生産の調整弁」というのは、景気がいいときは外国人を使ってコストを下げ、景気が悪くなったら切り捨てるということである。これが最も露骨に現れたのがリーマンショックのときだが、企業の中にそうした体質が存在するのはその後も本質的には同じであろう。

　一方、「社会生活の調整弁」というのは、日本人がやりたがらない仕事を外国人に押しつけていくということである。先進国が発展途上国から外国人を受け入れた場合、基本的には最初はこの部分（いわゆる3Kに代表される部分）から外国人を受け入れてきており、日本もその例外ではない、という考え方もあるだろう。しかし、「多文化共生」というのなら、少なくとも、外国人をそういう仕事に囲い込むことだけは避けなければならない[7]。言い換えれば、外国人も日本人と同じ努力をすれば、日本人と同等の成功のチャンスが保障される。そういう社会こそが「多文化共生社会」なのではないだろうか。

　そうした意味の「多文化共生社会」を目指すとすれば、そこにはさまざまな障害が存在する。何よりも、「外国人」が日本社会の中で日本人と対等に活躍する（それは、日本人の雇用が奪われることにつながる可能性が高い）ためのさまざまな社会的コストを「日本人」が負担するということを、日本人自身が理解する必要がある。しかし、それが理解されないかぎり、「われわれは労働力を呼んだが、やってきたのは人間だった」という問題が繰り返されるだけで

---

[7] 外国人に自分たちがやりたくない仕事を押しつけて、その犠牲の上に、現在の経済水準を維持することがよいことだと考える立場から「移民」を認めるぐらいなら、「移民」自体を認めない方がよい。そうした立場より、日本人だけで日本社会を運営し、その結果として、たとえ経済水準が長期的にマイナス成長を続けることになったとしてもそれを受け入れる、という方が健全であると言える。

ある。「多文化共生社会」を口にする以上、本人がこうした問題を自覚するだけでなく、周囲の日本人に対してそのことを自覚させる責務を負うという自覚を持つ必要がある。そして、「やさしい日本語」というのは、(全ての外国人にとって保障されるべき、上で述べた部分に加えて)日本社会の中で、日本人と競争して、その上で自己実現を目指す外国人のために、その人が負っている日本語の知識に関するハンディをできるかぎり軽減することを目指すものでもある。そうしたことを実現するためには、ある意味で全く新しい日本語教育のパラダイムを構築することが必要になってくるが、その点については次項で考えることにしたい。

参考文献

庵　功雄(2009)「地域日本語教育と日本語教育文法」『人文・自然研究』3、一橋大学

庵　功雄(2011)「日本語教育文法からみた「やさしい日本語」の構想―初級シラバスの再検討―」『語学教育研究論叢』28、大東文化大学

庵　功雄(2013a)「「やさしい日本語」とは何か」庵・イ・森編(2013)所収

庵　功雄(2013b)「「やさしい日本語」研究の現状と今後の課題」『一橋日本語教育研究』2、一橋大学

庵　功雄・イ・ヨンスク・森　篤嗣編(2013)『「やさしい日本語」は何を目指すか』ココ出版

庵　功雄・岩田一成・筒井千絵・森　篤嗣・松田真希子(2010)「「やさしい日本語」を用いたユニバーサルコミュニケーション実現のための予備的考察」『一橋大学国際教育センター紀要』創刊号、一橋大学

庵　功雄・岩田一成・森　篤嗣(2011)「「やさしい日本語」を用いた公文書の書き換え―多文化共生と日本語教育文法の接点を求めて―」『人文・自然研究』5、一橋大学

イ・ヨンスク(2013)「日本語教育が「外国人対策」の枠組を脱するために―「外国人」が能動的に生きるための日本語教育」庵・イ・森編(2013)所収

岩田一成（2013）「「やさしい日本語」の歴史」庵・イ・森編（2013）所収
岩田一成（2013）「文法から見た「やさしい日本語」」庵・イ・森編（2013）所収
田中英輝・美野秀弥・越智慎司・柴田元也（2013）「「やさしい日本語」による情報提供―NHKのNEWS WEB EASYの場合」庵・イ・森編（2013）所収
山田　泉（2002）「第8章　地域社会と日本語教育」細川英雄編『ことばと文化を結ぶ日本語教育』凡人社

9 地域社会における共通言語としての「やさしい日本語」
「教える」から「学び合う」へ

前項では、「やさしい日本語」を支える3つの柱のうち、「補償教育」に関わる部分について述べた。ここでは、第二の柱である「地域社会における共通言語」という側面について述べる。

「やさしい日本語」と地域社会

「やさしい日本語」の理念については前項で見たとおりである。ここで、そのことを模式図で表すと次のようになる。

(1) 日本語母語話者＜受け入れ側の日本人＞
　　↓ コード（文法、語彙）の制限、日本語から日本語への翻訳
　　やさしい日本語（地域社会における共通言語）……①
　　↑ ミニマムの文法（Step1, 2）と語彙の習得
　　日本語ゼロビギナー＜生活者としての外国人＞

この図が表しているのは次のようなことである。

まず、日本語が十分にできない外国人に求められることは、ミニマムの文法としてのStep1, 2（別項「10 地域日本語教育における活用の扱い方について」参照）と、それに対応する語彙を習得することである。

次に、その外国人の周囲の日本語母語話者に求められるのは、Step1, 2が理解できる（それ以上のレベルの日本語はまだ理解できない）外国人に対して、そうした人でもわかるような日本語を使ってコミュニケーションをする技術を身につける、すなわち、文法や語彙のコードを制限し、意識せずに話している日常の日本語を、上記の日本語レベルの外国人が理解できる日本語に翻訳する訓練をするということである。そうした「歩み寄り」があって初めて、地域社会における共通言語というものが成立する。そして、その位置を占めるのが「やさしい日本語」なのである。

ちなみに、①の「地域社会における共通言語」の位置に入りうるのは「やさしい日本語」以外にはあり得ない。他に考えられるものには「英語」「日常の日本語」の2つがあるが、これらがなぜ不適格になるのか検討していこう。

地域社会における共通言語と英語

まず、英語である。英語は「世界共通語」と言われ、英語を使えば全てが解決するかのように喧伝されているが、①の位置を占めるものとしては英語は不適格である。その理由は次の通りである。

第一に、定住外国人の多くは英語が苦手である。岩田（2010）で紹介されている国立国語研究所による全国調査では、定住外国人が「自分がわかる外国語」として挙げたものは「日本語」が62.6%であるのに対して「英語」は44%であった。しかも、岩田（2010）の調査対象である広島では「日本語」が70.8%で「英語」が36.8%と約2倍であった。しかし、情報は英語でしか提供されていない。さらに、地域住民である日本人にとっても英語は扱いやすい言語ではない。以上のことから、英語は地域社会における共通言語にはなり得ない。

地域社会における共通言語と日常の日本語

　それでは、日常の日本語、すなわち、地域住民である日本語母語話者が特に意識することなく話している日本語は地域社会の共通語になりうるだろうか。答えはノーである。その理由は次の通りである。

　実は、日常の日本語を（1）の①にすればいいというのはこれまでの日本社会のあり方だったのである。ことばを換えて言えば、日常の日本語を習得し、日本社会のコードを体得した外国人だけを日本社会の一員として認めようということである。これは、外国人に「日本社会への同化」という「踏み絵」を踏ませるものであり、その踏み絵を踏まない外国人は受け入れないということでもあった。そして、ある時期まで、日本語教育もこうした同化政策の片棒を担いできたと言えよう（cf. 牲川 2012）。

　しかし、ある社会の構成員になることと、その社会の言語がNative-like（に近い）レベルに話せることとは全く独立のことである。少なくとも、そうした前提のもとで「対等な市民としての交流」などできるはずがない。

　外国語の能力とその人が持っている知的能力の間に相関がないことは、日本語を教えたことがある人なら誰でもわかることだと思うが、上記の考え方は、外国語（日本語）ができることだけでその人のあらゆる能力を測ろうとしているのと同じである。

　1990年代からこうした同化主義に対する反省が日本語教育の世界で起こり、「外国人の日本語」を積極的に認めていくべきだという流れが主流になる。筆者自身もこの点においては、この流れにまったく賛同する[1]。このように、日常の日本語も地域社会における共通言語にはなり得ない。

---

[1] ただし、現在はこの流れが逆方向に振れすぎている。この点については、別項「4 Native-like ということ」において述べているので参照されたい。

以上のことから、「地域社会における共通言語」になりうるのは「やさしい日本語」だけであることがわかった。しかし、それはあくまでも必要条件にすぎず、そこから先に乗り越えなければならない高い壁がある。

「やさしい日本語」は無駄な試みか？

　「やさしい日本語」に関する講座などで話をすると必ず出る意見に、「「やさしい日本語」ができるようになっても、周りの日本人はそのようには話さないからそんなことをやっても意味がない」というものがある。これは、一見するともっともらしく、説得的である。しかし、そこには問題を解決しようとする意志が決定的に欠けている。

　もちろん、そうした意見を発する人が、前項「8 「やさしい日本語」の本質とその可能性」で述べたような意味で「移民」に反対する、すなわち、外国人の力を借りて経済水準を維持するよりも、日本人だけで日本社会を運営し、その結果として、長期的に経済水準の低下が続いてもそれを甘んじて受け入れるべきだ、と考えている人であるのなら、筆者はそうした意見に対して何も反論はしない。

　しかし、大多数の日本人は少なくとも現在の経済水準は維持したいと考えており、そのためには外国人の「移民」を受け入れるのは当然だと考えているはずである（後者に関しては明示的にそうは考えていないかもしれないが、外国人抜きで経済水準が低下していくことに賛成するとは思えない）。もしそうだとすれば、外国人を「調整弁」として考えてはならない。これは、何も「人道主義的」な理由からだけではない。より「功利主義的」な理由から考えてもそうなのである。

　現在、世界は「グローバル化」している。これは労働市場においてもそうである。すなわち、世界中の労働力がより条件のいい働き

口を求めて世界を動いているのである。言い換えれば、日本は「移民」を受け入れるかどうかという議論をしていられる立場ではなく、外国人労働者から選んでもらえるかどうかという立場に早晩立たされるのである。

　例えば、現在盛んに論じられているEPA（経済連携協定）による看護師、介護士の受け入れの問題がある。もちろん、厚生労働省が試験の方法を、日本人を対象としたものから実質的に変えないというのは、「公平性」という観点からすれば当然のことであると言えよう。しかし、そうした態度を続けるということは、EPAの枠組みで来日する人に日本で働いてほしいわけではない、というメッセージを発していると見られても仕方がないだろう。そうしたメッセージを発して、いわば「高飛車」に構えていられるうちはいいかもしれない。しかし、2030年頃以降、中国が本格的な少子高齢化社会を迎え、この分野の外国人労働者の獲得に乗り出してきたとき、日本は中国に勝てるだろうか。

　筆者は、日本社会は冷たく、中国社会は温かいなどというつもりは毛頭ない。日本社会にも温かいところもあれば冷たいところもあり、中国社会も同様であろう。しかし、本当にその人たちに自分たちの国で働いてほしいと考えるなら、中国はそれ相応の態度を取るのではないかとは考える。例えば、国で看護師、介護士の資格を持っている人であれば、英語などを媒介としてその知識を確認し、最初に中国国内での活動の資格を認めた上で、中国語教育を同時に課すといった方策に出ることは十分に考えられるであろう。

　もし、仮に中国がそうした政策に出て、給料も日本と変わらないかそれより高いということになったらどうなるか。それでも、これらの国の人が働き先として日本を選ぶだろうか。筆者にはそうしたシナリオはとても想像できない。

　では、どうすれば、その人たちを日本につなぎ止めることができ

るか。もちろん、最終的には、現状の EPA の枠組みを改め、試験の内容を変えるといったことが必要になるだろう。しかし、日本の中でそうしたことが内発的に行われることは極めて期待薄である。そうした中で考えられるのは、日本社会そのものの「成熟度」が高まり、そのことが世界的に評価されることである。つまり、「日本政府は冷たいが、日本社会、そして、それを構成する日本人は私たちのために尽くしてくれる」というメッセージが外国人に伝わり、そのことが引き金になって、日本を働き場として選ぶ人が増えるということである。

　そうしたことを可能にする最も簡単で、かつ、誰にでもできるのが（1）を実現させることである。これは極論すれば、「1円も使わずにできる社会貢献」である。このことを抜きにして、単純に賃金だけで労働力を獲得しようとしてもそれは無理である。なぜなら、少なくとも介護に関しては、介護の仕事に情熱を持って働き始めた若い日本人があまりの薄給と過重な労働に耐えかねて辞めていっている現状が変わらないのに、報酬の高さで日本の介護市場に外国人を呼び込むことなどできるはずがないからである。

　このように考えていくと、「やさしい日本語」を「地域社会の共通語」とするという考え方を抜きにして、これから先、日本がグローバルな労働市場において必要な労働力を獲得するのは、非常に困難であろう。「やさしい日本語」に関するこうした考え方は「夢物語」であるというより、むしろ「功利主義的」に考えても十分妥当な考え方であると言えるのではなかろうか。

「教える」から「学び合う」へ ―地域日本語教室の2つの機能―

　以上見てきたように、「やさしい日本語」を地域社会の共通言語にするということが正しいとした場合、その教育は誰が担うべきかということが問題となる。

これに関する最善の方法は、初期日本語教育が公的に保証されるようになり、その仕事を訓練を受けた「プロ」の日本語教師が行うということである。しかし、このことがすぐに実現するかどうかは何とも言えない。であるとすれば、このことが実現するまでの過渡期はどうすればよいかということだが、間違いなく言えることは、その「教育」に「ボランティア」が当たってはならないということである。

　地域の日本語教室には、おそらく2つの異なる機能が担わされていると思われる。

　1つは、外国人の「居場所」としての機能である。異国にあってまだ十分に日本語ができず、ともすれば孤立しがちな外国人が安心して話ができる場所（「居場所」）としての機能である。この文脈で重要なのは、日本語を「教える」ということではない。それよりも、相手の外国人と対等な関係性（ラポール）を作り、相手の持っているさまざまな長所を学ぼうとする態度が大切である。そうした関係性の中で、日本語の習得を行っていくためには、「おしゃべり」が重要な役割を果たす。『にほんごこれだけ！ 1, 2』（庵監修 2010, 2011）が最も有効なのはこうした場合である。そして、この機能を担うのは「ボランティア」である[2]。

　地域日本語教室が担わされているもう1つの機能は、「日本語を教える」ということである。外国人の中には、実際に日本語を学んで日本語の能力を身につけることが必要で、その欲求を満たすために地域日本語教室に来る人もいる。上で述べたように、この機能は

---

[2] この場合の「ボランティア」は役割としての観点から見たものである。したがって、他の場所で「有給」で日本語教育に携わっている人がこの「居場所」としての機能を果たす場合に「無給」の「ボランティア」として参加することは問題にならない。しかし、その人がその教室で「教育」を担う場合は、「有給」で行わなければならない。

本来、公的に保証され、「プロ」の日本語教師によって担われるべきものである。しかし、現実には、公的保証は実現していない。では、そうした現状で、「教育」を誰が担うべきか。はっきりしているのは、「アマチュア」である「ボランティア」にそうした役割を担わせてはならないということである。

　すなわち、こうした「教育」を担いうるのはやはり「プロ」だけなのである。具体的には、現職の（プロの）日本語教師、日本語教育能力検定試験に合格している人、一定以上の基準を満たす研修に合格した人などである。この人たちは、何らかの意味で「プロ」である。「プロ」である以上は、「教える」ことに責任を持たなければならないし、持てなければならない。そうした人が「教える」以上、その教室は無料ではあり得ない。少なくとも、実質ただ同然にならない程度の金額（とはいっても、学校に払うだけのお金がない場合も多いので、極端に高くはしない）の支払いを義務づけるべきであろう。ただし、そうするということは、学校型日本語教育（cf. 尾崎 2004）の性格を強く帯びることになるので、教える側にも一定以上の技量が必要となる。こうしたことを可能にするためには、現行の日本語教育能力検定試験の中に、地域日本語教室において教えることができる能力というものを、かなり盛り込んでいく必要などもあるだろう。

　ここで述べたことは、これまで、「無報酬」であることを前提としてきた「地域日本語教室」に２つの機能を認めるということであり、そのうち、外国人の「居場所」としての機能はこれまで通り、「無給」の「ボランティア」によって担われるべきこと、および、そこでは「教育」は行わず、「おしゃべり」を通して、自然に日本語習得を目指すこと、そして、もう１つの日本語の「教育」の機能については、「プロ」が担うべきこと、および、その前提として、その「教育」は「有給」で行われるべきであるということである。

もちろん、地域日本語教室がこのような「2階建て」構造であり続けるのは望ましいことではない。「2階建て」のうちの「教育」の部分はできるかぎり早急に「公的に」保証されるべきである。しかし、公的保証が実現していない状況においても、この2つの機能をごちゃ混ぜにしてはならない。あくまでも、「無給」で行われるべき部分と、「有給」で行われるべき部分に分けて考えていくのが望ましいのではないかと考える。

参考文献

庵　功雄監修（2010, 2011）『にほんごこれだけ！ 1, 2』ココ出版

岩田一成（2010）「言語サービスにおける英語志向―「生活のための日本語：全国調査」結果と広島の事例から―」『社会言語科学』13-1、社会言語科学会

尾崎明人（2004）「地域型日本語教育の方法論的試論」小山悟他編『言語と教育』くろしお出版

牲川波都季（2012）『戦後日本語教育学とナショナリズム』くろしお出版

10 地域型日本語教育における活用の扱い方について

「やさしい日本語」に関する第3の柱は地域型日本語教育に関するもので、ここでは「ミニマムの文法」ということが問題になる。ここではこの観点から、特に活用に焦点を当てて考えることにする。

「ミニマムの文法」としての「やさしい日本語」[1]

別項「8 「やさしい日本語」の本質とその可能性」で述べたように、「やさしい日本語」には「補償教育」としての側面がある。そして、それは(できるかぎり近い)将来において、「初期日本語教育の公的保障」が実現した際に、その教育内容として提示できるもの、という側面も持っている。

そうした観点から考えた場合、「やさしい日本語」は文法面において最低限、次の2つの条件を満たさなければならないと考えられる。

第一は、網羅性である。すなわち、「やさしい日本語」は、それを使って日本語で森羅万象を表せるものでなければならない。ある特定の意味は表せないというのであってはならない。これは「補償教育」の対象であるための必要条件だからである。

第二は、簡潔性である。仮に初期日本語教育の公的保障が実現したとしても、そこで保障される時間数は限られている。その限られた時間の中で、最大限の効果を得るためには、(第一の要件を守っ

---

[1] 本節の内容については、庵(2009, 2011)、岩田(2013)も参照されたい。

た上で）必要最低限の文法要素に特化すること、そして、理解レベルと産出レベル（cf. 庵 2006, 2011）の区別を守ることが重要である。

これらの要件を満たす文法項目リストとして作成したのが Step1, 2 の文法項目（庵 2009, 2011）である。その内容については、そちらを参照していただくとして、ここでは、その中から「活用」の問題に絞って考えたい。

地域日本語教育における初級

Step1, 2 は「地域日本語教育における初級」ということを念頭に作成したものである。そこでは、「初級」を 2 段階に分け、最初期（Step1）においては、述語の形として、デス・マス形とその活用形以外は用いないこととしている。これは、学習者の負担という観点からすると、実質的に「活用がない」ということである[2]。続くStep2 では、動詞の活用形を導入するが、それは「普通形（plain form）」[3]を作るのに必要な形である、辞書形、タ形、ナイ形と、テ形のみである。

この Step1, 2 の文法項目を網羅したのが『にほんごこれだけ！1, 2』（庵監修 2010, 2011）であるが、特に、「活用がない」レベルである Step1 においても、相当程度の意思疎通が可能であるという点は注目に値する。これに対し、現行の学校型日本語教育で用いられている初級教科書において、活用が出てくる前の段階（ex.『み

---

[2] もちろん、「行きます」に対する「行きました／行きません」なども活用ではあるが、これらは下線部の要素を取り替えればいいだけなので、学習者の負担という点では、実質的に「活用がない」のと同じである。

[3] 「普通形（plain form）」は活用形（語形）の問題であり、文体の問題である「普通体（plain style）」とは全く別概念である。『にほんごこれだけ！1, 2』でもまた、大部分の学校型の初級教科書でも初級では文体は「デス・マス体（丁寧体）」であり、「普通体」は基本的に扱わない。

んなの日本語 初級Ⅰ 第2版』では第11課まで)だけで何かができるかというと、ほとんど何もできない。これに対し、『にほんごこれだけ!』では、この Step1 のレベルでも学習者が自分の意志をかなりの程度「産出」できるようになっている点に注目していただきたい。

イ(2013)で述べられているように、「やさしい日本語」を外国人にとって真に意味のあるものにするためには、(すなわち、イ(2013)のことばを使って言えば、この概念が「外国人が能動的に生きるための日本語教育」のためのものになるには)、「理解」よりも「産出」を重視しなければならない。そして、「産出」を重視すると、必然的に扱う項目数は少なくなるのである[4]。

地域型日本語教育における「活用」の扱い方について

以上のように問題を整理した上で、本題である「地域型日本語教育における活用の扱い方」について考える。ここで言う「活用」は、動詞の辞書形、タ形、ナイ形とテ形である。それ以外の活用形が当面必要ではないことについての理論的な議論については、庵(2009, 2011)を参照されたい。

さて、地域の日本語教育の現場でしばしば起こる問題は、活用形が最初に出てきたところで、それが言えるようになるまで練習しようとし、任意の動詞のテ形が言えるようにならないと先に進ま

---

[4] 庵(2009)において初めて示した Step1, 2 における文法項目は、現行の学校型日本語教育における初級のものに比べて相当少なくなっているが、「話す」ということに限って言えば、これでほぼ十分であることがわかっている。すなわち、山内(2009)が OPI のデータである KY コーパスを用いて提示した、同コーパスで「中級」に属する学習者が産出した全文法形態素のリストと、Step1, 2 のリストはほぼ一致するのである。庵と山内の研究は相互に完全に独立に行われたものであり、前者は純理論的なもの、後者は純帰納的なものであるにもかかわらず、その外延がほぼ一致するということの背景には何らかの必然的な理由があるのではないかと思われる。

い、といったことである。そうしたことの結果、相当数の学習者が「活用」に入ったところでドロップアウトしてしまうのである。

　これは、地域の日本語教室における「教育」の側面を「アマチュア」である「ボランティア」に任せていることの弊害であるとも言えるが、それ以上に、「活用」というものに対する見方が硬直的であることが問題なのではないかと思われる。

　例えば、Step2の中には産出レベルの文法項目として、「〜たことがあります」がある。これを使って、旅行の経験を話すという場合に、次のようなやりとりがあったとする（NS：母語話者、NNS：非母語話者）。

　（1）NS　：Aさんは大阪に行ったことがありますか。
　　　　NNS：はい、行きたことがあります。

ボランティアの人の中には、ここで話を止めて、「行きた」ではなく、「行った」なのだということを説明し始める人がかなりいる。しかし、ここで大事なのは、この学習者は経験を表すには「〜たことがあります」という文型を使うという「文法的」な事実は理解しているということである。

　文法的な表現は多くの場合、文法的（統語的）規則と形態的規則から構成されている。この例で言えば、経験を表すときには、「タ形＋「ことがあります」」を使う、というのは文法的規則であり、「行く」のタ形は「行った」であるというのは形態的な規則である。そして、2つのレベルの誤りのうち、より深刻なのは前者の誤りなのである。例えば、（1）のやりとりが次のようであったらどうだろうか。

　（2）NS　：Aさんは大阪に行ったことがありますか。

NNS：はい、行ってください。

　(2) の学習者は形態的な規則はできているが、文法的な規則を間違えている。(1) と (2) を比べて、どちらがより深刻なコミュニケーション問題を引き起こすかは言うまでもないであろう。つまり、まず重要なのは文法であって、形態（活用）はその後でいいのである。
　このことは、われわれが英語を話すときのことを考えてみてもわかる。例えば、さすがに (3) は言わないかもしれないが、(4) は言う可能性がかなりあるのではなかろうか。

　(3) *I goed to the park.（cf. went）

　(4) *I swimmed in the pool.（cf. swam）

　英語を学び始めて間もないことがわかる学習者が (4) を発したときに、それは swimmed ではなく swam だと説明し始める英語ネイティブはいないであろう。普通は、言いたいことはわかるので、そのまま会話を進めていくであろう。(1) の「行きて」は (4) の swimmed に相当するものだと考えられる。
　ここで注意すべきことは、聞き流すことがいいとか、外国人だから多少間違いあってもかまわないとかいうことではない。例えば、前者に関して言えば、(1) を次のようにして、相手に気づかせるようにするリキャスト（cf. 大関 2010）をすることは必要なことである。

　(5) NS ：A さんは大阪に行ったことがありますか。
　　　NNS：はい、行きたことがあります。

        NS　：ああ、行ったことがあるんですね。

　後者について言えば、『にほんごこれだけ！2』では、（他の全ての文法項目と同じく）「～たことがあります」も本の中に最低3回出てくるので、3回目には正しい形が言えるようになることを目指している。ここで言いたいのは、初めから正しい形が口をついて出ることを求める必要はないということである。

　そうではなく、最初は「～たことがあります」という表現の「～た」には「タ形」という形の動詞が入るのだということがわかれば十分である。『にほんごこれだけ！2』には全動詞の全活用形のリストが載っているので、初めはそれを見ながら話してもよい。そのようにしながら、他の動詞のタ形なども耳にしていくにつれて、学習者の意識の中で「タ形」という語形の存在が認識されていく。仮に何らかの説明を明示的に与えるとすれば、それはこうした認識が学習者の中で定着してきた段階でのことである。その段階で、明示的な知識を与えれば、その知識はKrashen（1985）の言う「i+1」のインプット（今持っている知識より少しだけ進んだ知識に相当するインプット）になり、その結果、その形式の習得につながるのである[5]。

　反対に、学習者の中で「タ形」というものが意識化されていない段階でいくら明示的に知識を与えても、その知識は「i+1」のインプットにはならず、習得には結びつかない。

学校型日本語教育への示唆

　以上見てきたことは地域日本語教育における問題を対象にしたものであるが、ここで述べたことは学校型日本語教育にも示唆を与え

---

[5] Krashenの理論、および、それをめぐる議論については大関（2010）に要を得た解説がある。

うるのではないかと考えられる。

　初級⁶の日本語教育において、活用をどのように導入すべきかについては、菊地（1999）、劉（2012）などで興味深い議論が行われている。また、具体的な教え方に踏み込んだ菊地・増田（2009）もある。それらを踏まえて、ここでは次のような提案を行いたい。

（6）初級において、導入される全ての動詞について、「マス形」と「テ形」を同時に提示し、学習者に覚えさせる⁷。

　現行の初級教科書では、動詞の語形としては最初はマス形のみが与えられ、テ形は後に「規則的」なものとして導入される。そして、学習者は、マス形からテ形を導く規則を覚えるのに相当の労力を使うことになる。

　しかし、マス形からテ形を導出する「規則」は音韻論的には妥当なものであっても、表層的には相当不規則に見えるものである。そうであるのなら、テ形を「規則」で導くということをやめて、動詞の活用形の一種として暗記させればいいと考えるのである。（6）のように動詞ごとに2つの語形を覚えるのは負担が大きくなると考えられるかもしれないが、英語を学ぶときには（少なくとも不規則動詞については）「現在形、過去形、過去分詞」をセットで覚えなければならないということを考えれば、必ずしも加重負担とは言えない。

　（6）には他にも利点がある。最初から個別に覚えることで、テ形

---

⁶ これ以降本項では、「初級」という語は、学校型におけるいわゆる「日本語エリート」（野田 2005）を対象とするものとして用いることにする。

⁷ このときに、「マス形」は sentence-final の丁寧な形、「テ形」は clause-final の形、および、他の文法表現（ex.「てください」）の stem となる形であるということも説明しておく。

が出てきたときにかなりの飛躍が起こるということがなくなるだけではない。さらに、マス形から辞書形を導くのは極めて簡単なので、辞書形を使うべき表現（「と思います」などのモダリティ形式、「んです」、名詞修飾など）を不必要に後回しにする必要もなくなるのである（cf. 菊地・増田 2009）。

参考文献

庵　功雄（2006）「教育文法の観点から見た日本語能力試験」『日本語の教育から研究へ』くろしお出版

庵　功雄（2009）「地域日本語教育と日本語教育文法」『人文・自然研究』3、一橋大学

庵　功雄（2011）「日本語教育文法からみた「やさしい日本語」の構想―初級シラバスの再検討―」『語学教育研究論叢』28、大東文化大学

庵　功雄監修（2010, 2011）『にほんごこれだけ！1, 2』ココ出版

庵　功雄・イ・ヨンスク・森　篤嗣編（2013）『「やさしい日本語」は何を目指すか』ココ出版

イ・ヨンスク（2013）「日本語教育が「外国人対策」の枠組みを脱するために―「外国人」が能動的に生きるための日本語教育」庵・イ・森編（2013）所収

岩田一成（2013）「文法から見た「やさしい日本語」」庵・イ・森編（2013）所収

大関浩美（2010）『日本語を教えるための第二言語習得論入門』くろしお出版

菊地康人（1999）「動詞の活用をどう教えるか―日本語教授者のための知識・教授方針の整理」『東京大学留学生センター紀要』9、東京大学

菊地康人・増田真理子（2009）「初級教育の現状と課題」『日本語学』28-11

野田尚史（2005）「コミュニケーションのための日本語教育文法の設計図」野田尚史編『コミュニケーションのための日本語教育文法』くろしお出版

山内博之（2009）『プロフィシエンシーからみた日本語教育文法』ひつじ書房

劉　志偉（2012）「初級における動詞活用の学習について―日本語学習経験

者の視点から提案する説明方法―」『日本語研究』32、首都大学東京

Krashen, S.D.（1985）*The Input Hypothesis: Issues and Implications*. Longman.

11 「いつか来た道」を繰り返さないために
方言と「やさしい日本語」

　ここまで見てきたように、「やさしい日本語」は、日本が真の意味で多文化共生社会を迎える上で、極めて重要な概念である。しかし、そこには乗り越えなければならない2つの大きなハードルが存在する。ここではこのハードルに関して、方言との関係から見ていく。

2つのハードル

　第一のハードルは、「やさしい日本語」は外国人に対する「逆差別」であるというものである。これは、「やさしい日本語」は、「簡約日本語」（cf. 野元・川又・義本 1991）と同じく、「外国人はこの程度の日本語ができれば十分だ」ということを主張するものだ、と考えるものである。実際、「簡約日本語」に対して当時最も強く反対したのはエリート日本語学習者たちであった[1]。現在でも、もし、「やさしい日本語」が目指すものが、（世間で誤解を含んだ形で理解されている）「簡約日本語」と同じものであるとすれば、「簡約日本語」と同様の批判を受けても仕方がないとも言える。

　しかし、「やさしい日本語」が主張することは、決して、「外国人

---

[1] 「簡約日本語」には、書き換えの対象として文学作品を選んだことなど、問題点があったのも事実である。しかし、「簡約日本語」に対する批判の多くは、「簡約日本語」を「完成形」と見なしたものであり、それは、野元菊雄氏の本来の構想とは異なるものである。「簡約日本語」を、「初期日本語教育における負担を軽減し、日本語学習に対する敷居を低くする」ことを目的とするものであると考えれば、そこでとられている方法（例えば、文法項目を選定するためにコーパスを利用すること）は現在でも十分検討に値するものである。こうした点について詳しくは岩田（2013）を参照。

はこの程度の日本語で十分だ」ということではない。われわれが「やさしい日本語」を通して主張したいことは、これまでのように、「ここまで来たら（日本語社会に）入れてあげる」ということでもなく、かつ、「外国人はこの程度の日本語で十分だ」という日本語を押しつけるのでもない。すなわち、一方で、日本社会において、日本語を使って、地域社会の中で安心して暮らしていけるという生活上の安定を保障し（「補償教育」としての「やさしい日本語」）、その一方で、日本社会において、日本語を使って、日本人と対等に競争して、自己実現することを目指したい人には、そのための道をも保障するということである。

　後者について言えば、日本に来て定住する外国人、および、その家族（特に子どもたち）は、日本語能力の点で明らかなハンディを負っている。これは紛れもない事実である。したがって、これらの人が日本社会において真の自己実現を目指すことを保障すべきであるということに共感する人であれば、いかなる立場に立っていても、そこに存在するハンディを埋める必要があるということには賛成するはずである[2]。そうであるとすれば、自己実現を目指す人がゼ

---

[2] 論理的可能性としては、全ての定住外国人は、日本社会の中で母語だけで日本人と対等な自己実現ができるように保障されるべきである、という主張もあり得るかもしれない。それこそが真の「多言語社会」であるという主張もあり得るかもしれない。しかし、そのような立場を取れば、少なく見ても 20 程度の言語が「対等に」並ぶべきだということになるが、そのようなことが現実的にあり得ると想定することはできないであろう。もし、そのような社会こそが理想だとするなら、それは究極のアナーキズムである。なお、日本で自己実現をするためには一定の日本語力を身につける必要がある、ということは、母語を捨てて日本社会に同化せよ、ということでは決してない。母語と日本語との関係は、本論で述べる方言と共通語のように、二者択一の関係ではなく、相互補完的なものである。そして、その文脈の中で考えたときに（そして、一般の日本語母語話者がそのことを理解したときに）初めて、継承語教育やバイリンガリズムが単なる理念を越えて、公的なサポートの対象として議論されるようになるのではなかろうか。

ロから日本語を学び始めた場合、上級、さらには、Native-like にまで達するためには、日本語学習上の「バイパス」が必要であることは自明である。「やさしい日本語」はそうしたニーズに応えられるものでもなければならない。そして、そのための取り組みは既に始まっている。この点については、別項「1　What なき How 論の危うさ」「4　Native-like ということ」を参照されたい。

　第二のハードルは、「やさしい日本語」は日本語を乱すものであり、受け入れられないというものである。本項ではこの点について考えることにする。

いつか来た道 ―方言排斥運動―

　「やさしい日本語」は、文法面で考えても、庵（2009, 2011）で述べたような Step1, 2 という簡略化された項目だけで構成されている。もちろん、理論的には、これだけの文法項目で、日本語で表現できることはほぼ網羅できているわけだが、しかし、微妙なニュアンスまでは伝えきれないことは言うまでもない。

　1例を挙げると、イ（2013）に取り上げられている、次のような文がある。

（1）林さんが昨日私にその本を貸しました。（cf. 貸<u>してくれました</u>）

　これは1例にすぎないが、「やさしい日本語」が使われるようになると、こうしたある意味で「「変な」日本語」が使われるケースが増えてくる。そこで、おそらく間違いなく出てくる反応が、そうした「「変な」日本語」を排斥しようとする動きである。

　このような「「変な」日本語」を排斥しようとする動きは、今に始まったことではない。こうした動きの代表的なものは、「方言排

斥運動」である。

　江戸時代は日本が多様性に満ちていた時代であった。少なくともことばにおいてはそうであり、「訛は国の手形」という古諺にはそのことが現れている。そうした江戸日本が崩壊し、近代国家としての明治日本が誕生したときに、真っ先に考えなければならなかったことの1つが「言語の統一（標準語の制定）」ということであった。その当時の言語状況を、ユーモア豊かに伝えている作品に、井上ひさし氏の『国語元年』がある。その中から、1例を引用すると、次のようになる（井上 2002: 96）。

　(2) 加津　ふみさん、いまの物音は全体なにごとです？
　　　ふみ　坊っちゃまが広沢さんと相撲ばとって倒れだんだズー。ホシテ絵が破げだんだズー。
　　　加津　胃が破けた……？！
　　　ふみ　ンでねえ。胃でなくて絵だ。アレ、オガシイナ。（ゆっくりと）心配すっことは無い。破げだなあ、絵だから……。アレ？
　　　光　　重太郎……。
　　　　　　　光、気が遠くなってフラフラする。

　ここで、「加津」は「江戸山の手言葉」の、「ふみ」は「山形弁」の、「光」は「薩摩弁」の母語話者である（重太郎は光と清之輔の子どもで「薩摩弁」話者である）。この場面は、奥羽方言では「イ」音と「エ」音が曖昧になることをユーモラスに伝えている。同書には、こうした「多方言社会」である一家の当主であり、「長州弁」話者で文部省の役人である南郷清之輔が「全国統一話言葉」の制定の役目にあたる上での悲喜劇が綴られている。この作品はもちろん、喜劇として、デフォルメを施されたものではあるが、明治初年

の言語状況はこれとそれほど大差のないものであったであろう。

そうした時代状況の中で、日本が近代統一国家としてやっていくためには、教育、軍事、その他の面で、言語の統一が不可欠のものであった。その過程で、「標準語」が制定され、それへの同化が強制された。いわゆる方言排斥運動である。方言に関する文献を見ると、教育熱心な教師ほど、方言排斥に熱心だったことが窺われる（cf. 秋田県教育委員会編 2000）[3,4]。

そして、そうした「方言」をさげすむ風潮の中で多くの悲劇が起きた。戦後の高度経済成長期に集団就職で東京に出た東北出身者の中で、かなりの数の自殺者が出て、中には殺人事件に発展したケースもあったのである（cf. 毎日新聞地方部特報班 1998: 53-56）。

筆者がこうした「方言」と「標準語」の問題を考える機縁になったのは、前出の井上ひさし氏の作品との出会いであった。『国語元年』もそうであったが、一番強い印象を受けたのは『イーハトーボの劇列車』であった。この作品は、宮沢賢治の自伝劇であるが、作品の最後にある「思い残し切符」という景で、死者が（賢治の「銀河鉄道」に見立てられた）列車に乗り込むときに、この世への思い残しを言い残す場面がある。そのうちの一人が、「イーハト

---

[3] 方言を学校内で使った者に対する懲罰としての「方言札（ほうげんふだ）」の使用も、東北や九州、沖縄などで行われた。もちろん、今日的な視点から方言札の使用を批判することは控えるべきである。むしろ、問題の本質は方言札を使用させた教師個人にあるのではなく、そこまでして「中央」のことばである「標準語」を身につけなければならなかった、地方と当時の中央集権的な国家（および「国語」）の関係のあり方自体にあったのである。なお、方言と学校教育の関係については大野（2007）を参照。

[4] 一方で、秋田県の閑村の小学校（西成瀬小学校）で、小学校教員であった遠藤熊吉氏によって、共通語による「話し方教室」が続けられ、同校の卒業生は、どこで勤めてもことばで苦労したことはなかったと言われていたことも特筆されるべきであろう（cf. 毎日新聞地方部特報班 1996、大野 2007）。

ーボ（エスペラント語で「岩手」の意[5]）は、トキーオ（同じく「東京」の意）から独立しなければいけない」と語る場面が出てくる[6]。「地方（特に、東北と沖縄）」が「中央」に対して従属を強いられた時代の象徴が「方言排斥運動」だったように思える。

　近年再演されたものとして、より鮮烈な印象を持ったのは、『日本人のへそ』である。この作品では、出演者全員が「吃音症患者」であるという設定がなされる。よく知られているように、井上さん自身が最初の上京直後、吃音症になり、ことばが自由に話せなくなるという経験を持っている。その頃のこととして、井上さんは最晩年に出演したNHKの「100年インタビュー」の中で、都心からJR中央線で「立川」まで行きたかったときに、「たちかわ」という発音を笑われるという強迫観念から、隣の「日野」までの切符を買ったというエピソードを紹介していた[7]（cf. 井上 2011: 55）。

　こうした辛い経験を東北出身者に押しつけてきたという事実を、われわれは重く認識しなければならないと思う。それは、われわれ自身が、同じ「日本人」に対してすらいかに残忍であったかということである。「残忍」というのが強すぎるとしても、少なくとも「不寛容」であったことは間違いない。そして、そうした「不寛容」が理不尽にも多くの人に多大の苦痛を与え、中にはその命をも奪ってきたのである。

---

[5] 同作品で述べられているように、賢治はエスペラント語運動に傾倒していた。

[6] この作品を最初に見たときから忘れられない台詞がある。それは、「日本の米は高い」という世間一般の批判に対して、「美容院のセット代が二千円でも三千円でも高いとは言わないくせに、丼御飯一杯の米が三十円であるのは高いと言うのはおかしい」（井上 1984: 220）というものである。

[7] 当時の国鉄では、行き先名を告げて切符を買わなければならなかった。

「いつか来た道」を繰り返さないために
―「やさしい日本語」と多文化共生―

こうした歴史を踏まえて、第二のハードルについて考えたい。

定住外国人が「やさしい日本語」を身につけ、それを用いて、日本語母語話者とコミュニケーションを取ろうとするとき、どうしても、「変な」日本語が生まれることはやむを得ない。そうした「変な」日本語を耳にしたとき、それを頭から排斥するのは、「方言」を排斥したのと同じ精神構造に由来しているのではなかろうか。このことに関して、筆者が感銘を受けた文章をここに引用したい。

(3) 　たしかに、日本語が母語話者以外にも用いられるようになれば、当然のように「変な」日本語を耳にする機会が増えることでしょう。大切なのは、その「変な」日本語をはじめから拒絶するのではなく、その「変な」日本語を通して、相手は何を言おうとしているのかを理解しようとすることです。

　この例は、「外国人問題」とされることのかなりの部分が、日本人側の態度に原因があることを、言語のレベルでよく示しています。これまで日本社会の基準とされてきたものを、かたくなに守ろうとするのではなく、外国人との出会いを通じて、もうすこし柔らかなものに変えていくべきなのかもしれません。(中略)

　大切なのは、現実の対話場面においては、日本語能力の高低にかかわらず、外国人もコミュニケーションの対等の参加者として尊重することであり、聞きなれない言語表現に対してすぐに違和感や嫌悪感をもたないような言語的寛容さ、言語的ホスピタリティをもつことだと思います。外からやって来た「外国人」に対して日本人がいやいや譲歩するというこ

とではありません。外国人にとって住みやすい社会は、日本人にとっても住みやすい社会であるにちがいありません。(イ 2013)

　現在、「方言」はそれ自体の価値を獲得しつつある。この場合の「方言」の中心は、伝統的な方言である「俚言」ではなく、かといって「共通語」とも異なる「地域共通語」である。これには、こうした概念をごく初期に提唱した真田（1988: 340-343）が取り上げている、大阪方言の「書かへんかった」の例[8]などは言うまでもなく、沖縄で話されている「ウチナーヤマトゥグチ（沖縄大和口）」[9]なども含まれる。

　こうした意味の「方言」は決して滅びることはなく、生き残り続けるであろう。それは、「方言」には自分の感情を伝える機能があり、「公」のことばとしての「共通語」だけでは埋められない言語生活上の場所を埋めているからである（cf. 真田 2007a）。そうした「方言」は現在、メディアでもかなり取り上げられるようになり、「方言コスプレ」現象（田中 2011）と呼ばれる状況をも呈している。筆者自身は、方言の「コスプレ」化が、「方言」が背負わされてきたものをいとも簡単に忘れさせてしまうことにつながることがないようにと願う者であるが[10]、そうした注意を払いながらであれば、

---

[8] 「書か（へ）んかった」というのは、「書か（へ）なんだ（共通語の「書かなかった」）」のような伝統的な大阪方言の過去形とは異なり、「書か（へ）ん」という大阪方言の語形と「かった」という共通語の語形が融合したものであり、井上史雄氏の言う「新方言」とは異なり、位相は低くない。真田（1988）はこうした変異形を「neo-dialect」と呼んでいる。

[9] 「ウチナーヤマトゥグチ」については、永田（1996）、かりまた（2006）、真田（2007b）、副島（2009）などを参照されたい。

[10] これと同様の「健忘症」が日本のマスコミには見られる。その顕著な例が昨今の中国における PM2.5 に関する一連の報道の姿勢である。確かに、PM2.5 はまだその正体

「方言」が身近なものとして日本語母語話者（特に若い世代）に認識されていくことはよいことだと考える。それは、そうしたことによって、田中（1989）において「二流の言語」とされた「方言」が、真の意味で、「共通語」と対等な立場に立てるようになるからである。

　そして、これと同じように、定住外国人が話す「やさしい日本語」が日本社会の中で、日本語の1つのバリエーションとして普通に認められるようになったとき、日本社会は成熟した真の多文化共生社会を迎えることができるであろう。それは、決して近い未来の話ではないかもしれない。しかし、その日を目指して、われわれは一歩ずつ歩みを進めていかなければならないのである。

参考文献

秋田県教育委員会編（2000）『秋田のことば』無明舎出版

庵　功雄（2009）「地域日本語教育と日本語教育文法―「やさしい日本語」という観点から―」『人文・自然研究』3、一橋大学

庵　功雄（2011）「日本語教育文法からみた「やさしい日本語」の構想―初級シラバスの再検討―」『語学教育研究論叢』28、大東文化大学

庵　功雄・イ・ヨンスク・森　篤嗣編（2013）『「やさしい日本語」は何を目指すか』ココ出版

がつかめない物質であり、それについて騒ぐ気持ちはわかる。しかし、一歩引いて見れば、これは、日本でも高度経済成長期以降、四日市ぜんそくなど多くの公害問題で見られた現象と酷似していることがわかる。筆者くらいの世代の人なら（今のマスコミの中核にいるのはそうした人たちだと思われるが）、「光化学注意報」が発令されて、屋外での運動ができなくなることがしばしばあったことは覚えているはずである。にもかかわらず、現在のマスコミ人で「今中国（をはじめとするアジア諸国）で起きている大気汚染と同じようなことが30〜40年前に日本でもあった」ということを語る人はほとんどいない。そのため、今の子どもたちはこのことだけでも「中国」を異端視する土壌に置かれることになっている。ちなみに、日本社会のこうした「健忘症」もまた、井上氏が鋭く描き出したものである（その1例として『闇に咲く花』を見られたい）。

井上ひさし（1984）「イーハトーボの劇列車」『井上ひさし全芝居その三』新潮社

井上ひさし（2002）『国語元年』中公文庫

井上ひさし（2011）『ふかいことをおもしろく』PHP研究所

イ・ヨンスク（2013）日本語教育が「外国人対策」の枠組みを脱するために―「外国人」が能動的に生きるための日本語教育」庵・イ・森編（2013）所収

岩田一成（2013）「「やさしい日本語」の歴史」庵・イ・森編（2013）所収

大野眞男（2007）「第5章学校教育と方言」真田ほか（2007）所収

かりまたしげひさ（2006）「沖縄若者ことば事情―琉球・クレオール日本語試論―」『日本語学』25-1

真田信治（1988）『地域言語の社会言語学的研究』和泉書院

真田信治（2007a）『方言は気持ちを伝える』岩波ジュニア新書

真田信治（2007b）「第1章発話スタイルと方言」真田ほか（2007）所収

真田信治・陣内正敬・井上史雄・日高貢一郎・大野眞男（2007）『シリーズ方言学3　方言の機能』岩波書店

副島健作（2009）「留学生の地域語にたいする意識」『琉球大学欧米文化論集』53、琉球大学

田中克彦（1989）『国家語をこえて』筑摩書房

田中ゆかり（2011）『「方言コスプレ」の時代』岩波書店

永田高志（1996）『地域語の生態シリーズ琉球編　琉球で生まれた共通語』おうふう

野元菊雄・川又瑠璃子・義本真帆（1991）「簡約日本語の創成」『日本語学』10-4

毎日新聞地方部特報版（1998）『東北「方言」ものがたり』無明舎出版

付　記

　本項を一度執筆した後、井上優氏の『相席で黙っていられるか―日中言語行動比較論―』（岩波書店、2013）に接し、本項の内容について、非常に

重要な示唆を与える部分を目にしたので、ここに引用したい。

> 「中国語を話せば同じ」という感覚は、さらに別の形でも現れる。
> 妻が育った街に行ったとき、近所のおばあさんにちょっと中国語であいさつをしたら、うれしそうな表情で「あら、この人、中国語を話すよ！」と言われた。発音も文法も誤用だらけの中国語のはずなのに、「あなたの中国語はうまい」、「あなたの標準語はきれいだ」と言う。あちこちでそう言われた。同じような経験をした人は少なくないはずだ。
> （中略）
> 新井一二三氏は、中国語は「包容力のある言葉」だと言い、次のように続けている。そのとおりだと思う。

> > そもそもの成り立ちからして、各地方出身者間の意思疎通という目的をはっきり持っているので、中国人の耳は、減点方式ではなく、加点方式で相手の言葉を聞く。つまり、「あっ、間違った」「また訛ってる」と、欠点をあげつらうような、意地悪な聞き方をしない。反対に、「たぶんこうだ」「きっとそういう意味だろう」と、聞き手が積極的にコミュニケーションに関与してくるのだ。（新井一二三『中国語はおもしろい』講談社現代新書、二〇〇四年、四二ページ）

12　「聞き手の国際化」と「やさしい日本語」
土岐先生の思い出

　前項に引き続き、「やさしい日本語」が乗り越えるべきハードルの問題を考えたい。

　前項において、2つのハードルの存在を指摘した。

　ハードル1：「やさしい日本語」は、「外国人はこの程度の日本語ができれば十分だ」ということを主張するものだ

　ハードル2：「やさしい日本語」は、日本語を乱すものであり、受け入れられない

　ここでは、このうち、ハードル2について、主に音声の側面から考えていきたい。

音声と価値判断

　ハードル2を音声的な側面から見るときに、はっきりと認識しておかなければならないことがある。それは、「音声は元来、価値自由な存在である」ということである。

　1例を挙げると、「シャカイ（社会）」と「サカイ（堺）」は対等に棲み分けている別の語である。「シュミ（趣味）」と「スミ（隅）」、「ショッキ（食器）」と「ソッキ（速記）」も同様である。では、「シェカイ」と「セカイ（世界）」はどうか？　この場合、「シェカイ」は「訛った」「田舎くさい」といった印象を持たれるのではなかろうか。

　私が大阪で大学に通っていた1980年代から90年代にかけて、大

阪のローカル番組で活躍していた気象解説者の福井敏雄という人がいる。この人は、「カンレイゼンセン（寒冷前線）」を「カンレイジェンシェン」と発音するなど、独特の阿波弁と、飾らない人柄で人気を博した。福井さんの場合は、その人柄で「ジェンシェン」が1つの「味」と評価されたわけだが、普通「ジェンシェン」という発音はその人に「田舎者」というレッテルを刻印し、強いコンプレックスを与えることになる。

しかし、「世界」を「シェカイ」と発音することが日本語の歴史を通して常に「訛った」発音であったかというと、そんなことはないのである。日本語史においてよく知られているように、戦国末期頃には「世界」を「シェカイ」と発音するのが「標準語」であり、「セカイ」と発音するのは「関東の」（訛った）発音であったのである（cf. 山口ほか1997: 87-88）。

このように、本来、言語音に上下はないのである。にもかかわらず、古今東西、そうした言語音にもとづく嘲笑は枚挙に暇がない。落語などにおける「役割語」（金水2003）としての「田舎ことば」にもこうした発音上の特徴をあげつらったものは多数見られる[1]。

これと同じような例が土岐（2010: 242-243）に記されているので、引用したい。

(1) 日本の大手自動車会社の工場長がタイからの技術研修生に会った時、「わたチ…じどうチャ…」などと話しているのを聞いて、引率の日本人に、この人達はほんとうに仕事ができるのか」と心配そうに言ったというが、これなどは、「わたチ」や「じどうチャ」などという発音の仕方が、日本語では幼児の

---

[1] このように、「笑い」というものは、その中に鋭利な凶器にもなりうるものを内蔵している。織田（1986）は「笑い」の中のそうした側面を「人を刺す笑い」と表現している。

話し方に似ているところから、勝手に人格や能力の判断にまで結び付けて出された反応であったとまずは解釈できよう。

「じどうチャ」という発音を聞いたとき、なぜ自分は笑ってしまうのか。ハードル2をクリアするには、日本語母語話者が、一瞬立ち止まって、一歩引いた目線で、自分の言語行動を客観視できる力をもつことが求められる。もし、そこで立ち止まることができたら、仮に、「じどうチャ」という発音が日本語では幼児語であり、日本語母語話者がこの発音をするのは、幼児と話すときか、ふざけている場合に限られる、ということが事実だとしても、目の前にいる大人のタイ人がふざけてそのように言っているわけがないということが理解できるだろう。その次に必要になるのは、前項「11「いつか来た道」を繰り返さないために」でも引用したイ（2013: 272。下線筆者）に書かれている次のような態度である。

(2) たしかに、日本語が母語話者以外にも用いられるようになれば、当然のように「変な」日本語を耳にする機会が増えることでしょう。大切なのは、その「変な」日本語をはじめから拒絶するのではなく、その「変な」日本語を通して、相手は何を言おうとしているのかを理解しようとすることです。

土岐（2010: 214-242）で述べられているように、こうした価値観は無意識のうちにすり込まれたものであるのが普通であるだけに、それを克服するのは容易なことではない。しかし、日本が「多文化共生社会」を迎える日が来るとしたら、それは、日本語母語話者がごく自然に「公平な耳」（土岐2010）を持つことができるようにな

ったときに限られるはずである[2]。「日本語教育」「日本語支援」「多文化共生」といったことに関わる人全てが「公平な耳」の養成に日々努めなければならないと強く思う[3]。

土岐先生の思い出

　本項は、土岐哲先生に導かれて書けたものである。

　土岐先生に初めてお目にかかったのは、筆者が大阪大学の学部4年生だった1990年のことではなかったかと思う。

　土岐先生のことで最も印象に残っていることがある。おそらく、先生が阪大に赴任された年のことだったと思うが、阪大の日本語教育講座の大学院生・学部生が、ユネスコ（？）関連で来日した高校生たちが3週間ほど日本に滞在するときに、最初に日本語を教えるという実習があった。この実習の中身について、および、筆者自身がどのように実習を行ったかについては、ほとんど何も覚えていない。しかし、その最初の授業のときに、土岐先生がなさった授業のことだけは鮮明に覚えている。

　そのとき、学生は20人ぐらいいたのではないかと思うが、先生はその1人1人に発音をさせ、練習を行って、50分（ぐらいだったと思う）の授業の最後には、全員が、（どの母語話者にも難しいことで知られている）「病院（ビョーイン）」と「美容院（ビヨーイン）」を、正確に聞き分けることができ、かつ、言い分けることができたのである。私はいまでも、それを「神業」だと思っている。

　土岐先生は、もちろん優れた音声学者であったが、何より、超一流の音声教育者であった。音声教育の極意は何か。門外漢の筆者に

---

[2] このことを実現するためには、土岐（2010: 243ff.）で述べられているように、学校教育において子どもたちに働きかけるのが最善かもしれない。

[3] そのことへの第一歩として、こうしたことに関わる全ての人に、土岐（2010）を一読されることを勧める。

はそれを完全に理解することはできないが、筆者なりに解釈すれば、それは、いかに学習者に不安を与えずに、その人が自然に目標とする言語音を発せられるように仕向けられるか、ということではないかと思う。目標とする言語音がどのように発せられるかというしくみを熟知した上で、そのことをおくびにも出さずに、学習者を「その気にさせて」、正しい音を出させる。その中には、おそらく、「どうすれば、うまくごまかせるか」ということもあったのだろうと思う。上記の、「病院」と「美容院」などはその典型的な例であったのではなかろうか。

　土岐先生には、筆者の帰りが遅くなったときに、愛車で新御堂筋を（制限速度オーバーの）ベルを鳴らしながら飛ばして淀屋橋まで送っていただいたことをはじめ、いくつも思い出がある。ある会の席で聞かせていただいた、岩手弁での宮沢賢治の「雨ニモ負ケズ」は20年近く経った今でも耳に残っている。

　土岐先生は、「青森のWest Coast」である深浦のご出身で、生涯、その深浦方言を美しく再現できただけでなく、上京すると、生粋の東京出身の同級生のアクセントを直せるほどの完璧な共通語の使い手になられた。私は、合宿などで、先生がほぼ徹夜状態で、かなりお酒を飲んだ状態で話されているときも何度も知っているが、そういうときでも、共通語モードで話されているときに方言が混じるということは決してなかった[4]。

　そういう先生であったが、大阪弁だけは最後まで習得できなかっ

---

[4] そうした完璧な発音を築いたのは不断の努力であったことを土岐先生のお通夜のときに伺った関正昭氏のお話で知った。関氏によると、土岐先生が東海大学在職中に、大けがをして入院したというので、関氏が病室に駆けつけると、大けがをしていた土岐先生がベッドに座って、調音発音練習をされていたというのである。音声学は、自分自身の体を楽器として扱うものだとも言えよう。先生は、命の瀬戸際においても、「楽器」の手入れを怠らなかったのである。これこそ、「根」の極致であろう（別項「20 「根・鈍・運」」を参照）。

たようである。筆者も、阪大にいたときに先生に何度も大阪弁の見本を見せるように言われ、実演したことがある。先生はそのときの筆者の音声がどのように出されているかということは、機械にかけるよりも正確におわかりだった。しかし、それをまねた大阪弁はお世辞にもうまいとは言えないものであった。私たちは、音声学の理論と実践は常に一致するものではない、ということを学んだ。

　筆者が東京に移ってから、先生とお目にかかる機会は減った。大病をされたということは後で知ったが、その後（たいへんお痩せにはなったものの）以前と変わらずお元気であるように拝見し、そのように伺ってもいた。それだけに、2011年6月23日の訃報（享年65歳）は全く青天の霹靂であった。

　今、この項を書き上げて、この原稿を先生にお見せすることができないのが返す返すも残念である。先生はハワイで眠っておられる。いつか、ハワイの明るい太陽の下で、先生にいろいろご報告したいと思っている。

　土岐先生、本当にありがとうございました。

参考文献

イ・ヨンスク（2013）「日本語教育が「外国人対策」の枠組みを脱するために―「外国人」が能動的に生きるための日本語教育」庵　功雄・イ・ヨンスク・森　篤嗣編（2013）『「やさしい日本語」は何を目指すか』ココ出版

織田正吉（1986）『笑いとユーモア』ちくま文庫

金水　敏（2003）『ヴァーチャル日本語　役割語の謎』岩波書店

土岐　哲（2010）「第16章　聞き手の国際化―音声教育の将来への展望―」『日本語教育からの音声研究』ひつじ書房

山口明穂・鈴木英夫・坂梨隆三・月本雅幸（1997）『日本語の歴史』東京大学出版会

§3

日本語研究の可能性

13　「世界」との対話をなくした日本語学
寺村文法の継承性をめぐって

日本語学[1]は今一種の閉塞状況にある。これが、筆者が抱いている現状認識である[2]。このセクションでは、なぜそのような状況に至ったのか、どうすればいいのか、という2点について、いくつかの事例を織り交ぜながら考えていきたい。

「日本語学」の成立事情

今日的な意味で「日本語学」という語が最初に使われた時期はわからないが、1970年をさかのぼらないことは確実である。1970年初めに大学院で研究を行っていた仁田義雄氏の次の記述からもその間の事情は察することができる。

(1) また大学院で勉学を始めた頃、現代語の研究について「わかっていることをやって研究になるの」といった趣旨の質問を何度か受けたことがある。まだまだ現代語特に現代日本語文法研究に対して、学としての容認のさほど高くない時代であった。(仁田 2010: はしがき)

---

[1] 本書では、「日本語学」を現代日本語(共通語)に関する記述的文法研究(日本語記述文法)の意味で用いる。この語のより広義の使い方については庵(2012a)を参照されたい。

[2] こうした認識を最も早く表明したのは野田尚史氏である(野田 2000, 2001)。また、白川(2002)も参照。なお、『日本語文法』の最初の展望号掲載の展望論文である宮崎・安達・白川(2006)においても「閉塞感」という語が使われている。

そうした存在であった現代日本語文法研究が、「国語学」に対して自らを「日本語学」と称して、そこからの独立を主張するようになる。その際に中心になったのは、次の2点であったと考えられる[3]。

(2) a. 個別言語としての「日本語」の研究の必要性
    b. 日本語教育の役に立つ日本語研究の必要性

まず、aについては、仁田（1988: 56-57）にある次の主張がその代表的なものであると言える。

(3) 筆者は、国語学と日本語学とが二つながらに別々のものとして存在している、とは思わない。日本語を研究対象とする一つの個別言語学が存するだけである。（中略）一つの個別言語学は、他の個別言語学との関係において一つの個別言語学なのである。（中略）国語といったコトバは、日本人の我々が使うことによって、結果として日本語を表すに過ぎない。それにも拘わらず、そういったコトバを日本語の個別言語学的研究に冠するのは、研究の担い手に、いわゆる国語学も一つの個別言語学である、といったことへの意識・自覚が希薄であることによるものと思われる。（中略）日本語が一つの個別言語であるといったことが逃れようのないことであれば、日本語についての研究も、また、一つの個別言語学であるといったことから逃れようがない。とすれば、やはり、日本語についての研究は、その精神のあり方の健全な望ましい現れのためにも、「国語」の学ではなく、「日本語」の学であるべきである。

---

[3] 「日本語学」が学問分野の名称として確立するのは1980年代であると考えられる。例えば、雑誌『日本語学』（明治書院）が創刊されたのは1982年である。

bについては、改めて言うまでもないと思われるが、日本語教育が戦後の高等教育機関におけるものという文脈で盛んになり始めた1960年から70年代にかけて[4]、国語学の中に、日本語教育にとって直接参照できるような文法研究はほとんど無かったと言ってよい[5]。そうした中で、日本語教育に携わる人々の手による「日本語教育のための文法」が作られていった。そして、そうした人々の中で、現代語研究の中心となっていったのが寺村秀夫である[6]。

寺村の人となりや研究については野田（2011）に非常に優れた記述があるので、基本的にはそこに譲るが、筆者なりに寺村文法の特徴をまとめると次のようになる。

(4) 寺村文法の三本柱（本項）
　a. 日本語の記述的研究[7]
　b. 対照研究
　c. 日本語教育のための研究

これを野田（2011）の記述と比べると次のようになる。

(5) 寺村文法の三本柱（野田2011）
　a. 日本語の記述的研究
　b. 言語学的研究

---

[4] 日本語教育学会が設立されたのは1962年である。

[5] この当時広く参照されたのはAlfonso(1966)など外国人の手による文法書であった。

[6] 寺村先生は筆者の学部時代の指導教官であるが、本項では、研究史の叙述という性格上、敬称を略させていただく。

[7] 寺村の場合、「記述的」と言っても、言語学研究会のようなものとは異なり、内省も取り入れたものになっている。「実例に基づいて行われた理論的な研究」（寺村1992:「あとがき」）と呼ばれるゆえんである。

c. 日本語教育のための研究

　(4) は、(5) a, b を (4) a に合併し、(5) b の一部を (4) b として独立させたものであるが、本質的には (5) との違いはほとんどないと考えられるので、本項では (4) にそって話を進める。
　さて、(4) の三本柱のうち、寺村自身がもっと中心として考えていたのは c の「日本語教育のための研究」であったと考えられる。それは、寺村自身がライフワークとして位置づけていた『日本語のシンタクスと意味』の「Ⅰ」の「はじめに」にある次の記述からも明らかである。

(6) 　松下大三郎は『改撰標準日本文法』(1928) の緒言で、自分の文法研究の動機について次のように述べている。
　　　　私は少年の頃、当時最も世に行はれて居った中等教育日本文典とスキントンの英文典の二書を読んで其の体系の優劣の甚しいのに驚いた。英文典は之を一読すれば和英辞典さへ有れば曲りなりにも英文が作れる。然らば英米人に日本文典と英和辞典とを与へれば日本の文が作れるかといふと、そうは行かない。これ実に日本文典の不備からである。
　　　本書の目的とするのも全くこれと同じで、その意味で<u>本書の目標は実用文法の作成である</u>。（寺村 1982: 15。下線筆者）

このように、寺村の最終的な目的は「実用文法」(「日本語教育のための文法」) の作成であったと考えられる。しかし、寺村の急逝 (1990 年) の結果、(4) a の「日本語の記述的研究」の部分だけが残されることになり、そのため、寺村は「日本語記述文法」の代表者のように見なされることがあるが、そうした評価は寺村自身の志

したところから考えると、正鵠を射たものとは言えない。

日本語学と日本語教育の関係 ―寺村秀夫の時代とそれ以降―[8]

　このように、寺村においては、(4) a～cの研究が精力的に行われた。そして、寺村が「日本語学」を牽引していた時代から寺村の没後数年（1990年代半ば）にかけては、日本語学と日本語教育が蜜月期であったと言える。この時期にはまず、命題に関する研究が進み、続いてモダリティが盛んに研究されるようになる。そして、その研究成果は直接日本語教育の世界で用いられた。

　このことは基本的にはよいことであったが、潜在的な問題点を抱えていた。それは、日本語学の研究者の側に、「日本語学の研究が進めば、それが、結果として、日本語教育の役に立つ」という考え方が生まれたということである。

　この考え方は、一見すると問題ないように見えるが、実は大きな問題点を含んでいる。一般に、ある学問分野が成熟してくると、研究は細分化していく。1例を挙げると、筆者の住む国立市の隣の立川市にある国立災害医療センターには「内科」という名が付く診療科として次の7つがある（2013年7月現在）。

(7) 血液内科、代謝・内分泌内科、膠原病・リウマチ内科、呼吸器内科、循環器内科、消化器内科、神経内科

　もちろん、これは医学であるから、より専門的な治療を行うために、診療科が細分化され、専門化するのは当然であり、そのことを問題だと言うつもりは全くない。ここで言いたいのは、研究が進めば、研究分野が細分化するのは必然であるという事実である。

---

[8] 本小節の内容は基本的に庵（2011, 2012）にもとづく。

これを日本語学に当てはめるとどうなるか。例えば、ある形式の用法の分類を再解釈した結果、これまでの分類では指摘されていなかったタイプが見つかったとする。先行研究を押さえて、議論のお作法を守って投稿すれば、その論文は学会誌に通るであろうし、また、通らなければならない。すなわち、そうした論文は日本語学の論文としては、一人前のものとして見なされる。

　しかし、そうした論文によって明らかにされた事実が日本語教育の役に立つことはまずあり得ない。このような、日本語学の研究の「発展」と、それにともなう日本語教育のニーズからの乖離ということは、1990年代から起こっていたのだが、日本語学の側がそのことに無頓着で、その乖離の修復に努めなかったため、両者の亀裂は決定的になった。そして、その溝を埋めるべく「日本語教育文法」の必要性が主張され、部分的にその実践も行われ始めているものの、依然として、日本語教育の世界における、「文法」に対する不信感は極めて強いものがあると言える。

「世界」との対話をなくした日本語学 —寺村以降の日本語学—

　ここで、話を日本語学自体に戻す。

　「寺村の時代」と「寺村以降」(特に、1990年代後半以降)の日本語学における最も大きな違いは、私見では、「世界」とつながる意志にある。

　上に引用した、仁田(1988)の言明に見られるように、「日本語学」が、「「国語」の学」ではなく、「「日本語」の学」が必要なのだ、と主張したとき、そこには、自らの研究成果が一般言語学に貢献するものでなければならない、という意志が含まれていたはずである。寺村の一連の研究で言えば、その中で随所に述べられている外国語との対照などにそうした考えを見ることができる。寺村自身、寺村(1976=1993)など対照研究の論文を書いており、その中

には、まさに「考え方のヒント」になるような例が取り上げられている。例えば、寺村（1976=1993: 213-214）の次の例などは非常に興味深い。

(8) 　ある友人のアメリカ人をその勤め先の大学に訪ねたときのことである。帰り、駅までの道を並んで歩きながら、私は久しぶりに見るその町の変わりように、「このあたりもずいぶん変わりましたねえ」と思わず言った。すると、彼女は、「ええ、ああいうマンションが最近急にたくさん建てられましたからねえ」と言った。日本文学を専攻して日本の生活にもすっかりとけ込み、日本語にも堪能な彼女なのであるが、その「建てられました」という表現は、私にはちょっと妙に聞こえた。文法的にはまちがっているわけではない。しかし日本人ならふつうは「建ちました」というところだろう。では「建てられる」と「建つ」はどう違うか、どうしてこの場合「建つ」の方が日本語らしいのかと開き直られると厄介なことになりそうなので、その場はそのまま彼女と別れた。（中略）

　もう一つ、今度は逆に英語の表現の例にずっと昔、私がアメリカに留学した当初のできごとをはずかしいが挙げておこう。同じイースト・ウェスト・センターの仲間に、立派な日本語を話す学生がいた。知り合った最初感心した私は、"By whom were you taught Japanese?"ときいたものである。すると彼女、眼を丸くして、感に堪えた (?) ような顔で、もう一度言ってみてくれ、と言う。私はいかにも文法の教科書の例文にでも出てきそうな文を口にしたことに気づいて、それほどおかしいか、と聞き返した。彼女は何だかすまなそうに、「いやいや、おかしいとかまちがっているというので

は決してないんだけど、すてきな（'fantastic'）言い方といってもいいくらいだけど、とにかくそんな文は生まれてこのかた耳にしたことがないもんで……」と言い、ウームと考えこんでしまった。今でも「受身」というと、そのとき彼女の言った'fantastic'ということばを、きまって私は思い出す。

　寺村の一連の著作のもう1つの特徴は、そこに学習者のデータがふんだんに取り入れられていることである。例えば、寺村（1982）の序章は、記述の仕方のせいもあるが、例文の大多数が学習者の誤用例である。こうしたところからも、寺村における「文法」研究の目的が、「学習者に正しく説明できること」であったことがわかる。

　以上、寺村文法の特徴として、外国語との対照と学習者データの利用ということがあることを指摘した。では、寺村の死後、この2つはどうなったか。少なくとも、寺村の指導を受けたか、それに近い立場にあった研究者（それは寺村の死後の「日本語学」の研究者の総数の少なくとも過半数を占める）の研究の中では、これら2つのデータはほとんど使われていないというのが、残念ながらその答えである。

　確かに、影山太郎氏や井上優氏などの著作には外国語との対照のデータは用いられているし、生成文法などの理論系の研究でも（日英を中心とする）対照研究は活発に行われてきた。しかし、寺村が目指そうとしたような研究の流れの中では、外国語との対照はほとんど姿を消す[9]。

---

[9]　寺村の直接の影響を受けた研究者の中で、寺村の死後も対照研究の仕事を残してきているのは野田尚史氏と三原健一氏ぐらいであろう。野田氏が「は」と「が」について行った対照研究（cf. 野田 1994a, b, 1996）は今後の有力な研究課題である。筆者たちもまだ萌芽的なものであるが、研究を開始している（庵ほか 2013）。また、三原氏

一方の学習者のデータについても、寺村の死後の「日本語学」の論文の中にそれを見出すことは困難である。ようやく、「日本語学」の論文の中で学習者のデータが用いられるようになるのは、2000年代になって「日本語教育文法」が主張されるようになってからである。その最も早い例の1つが白川（2002）である。しかし、庵（2011）でも指摘したように、「日本語教育文法」は次第に、自らを「日本語記述文法」（「日本語学」）とは違うものであるとする主張を強めていく（cf. 野田編 2005、森・庵編 2011）。

　寺村の死後、研究上その後継者たる立場にある研究者の多くは、寺村の第一の業績である日本語の記述的研究を継承した。そのこと自体は問題ではないかもしれないが、その際、寺村の中にあった、日本語の記述的研究（日本語学）と日本語教育との密接な関連性は忘れ去られてしまったように見える[10, 11]。

「日本語学」再興のために必要なこと

　以上、「日本語学」の成立過程からはじめて、寺村文法の特徴を

の時制に関する研究（三原 1992）は理論的指向性が強いとはいえ、言語事実の観察にも十分な目配りがなされている。

[10] ソシュールは『一般言語学講義』の中で、「指すもの（signifiant）」と「指されるもの（signifié）」は表裏一体の関係にあると述べている（小林訳 1972: 96-97）が、寺村における日本語の記述的研究と日本語教育のための文法もこれと同じようなものであったと考えられる。畏友森篤嗣氏の言を借りると、「寺村先生が今存命であれば、「日本語教育文法」という研究分野は存在しなかった。寺村先生にとって、「日本語教育の役に立つことを目指さない日本語の記述的研究」というものはあり得ないからだ」ということである。

[11] 研究上寺村の流れを引く研究者の中で、初期から一貫して日本語教育との関連を志向してきているのが砂川有里子氏である。初期（cf. 砂川 1984 など）、砂川氏が中心となって作り上げたグループジャマシイ（1998）を経て、近年の一連のコーパスと日本語教育の関連を論じた論文や著作などに、そうした流れを見ることができる（cf. 砂川ほか編 2010）。

述べ、そうした寺村の研究上の指向性がほとんど継承されずに来ていることについて述べた。

「日本語学」の現状を見ると、そこには明らかに「行き詰まり」や「閉塞感」が感じられる。そうした「閉塞感」を打破するためには、「日本語学」の建学の精神である、「個別言語学としての「日本語学」」という姿勢と、「日本語教育の役に立つ研究を目指す」という姿勢を取り戻すことが不可欠である。これに関して、本セクションの残りの4つの項目では、そうした目標に向けての筆者のささやかな試みについて紹介する。本項の終わりに、寺村の優れた評伝である野田（2011）のことばを引用したいと思う。

(9) **寺村秀夫の遺志を継ぐには**

寺村秀夫は、自分が与えられた日本語教育という仕事に最善を尽くすために、そのときどきで何が必要かを自分の頭で考え、それを誠実に実行した。

　そうだとすると、寺村が精力的に行った「文の構造」中心の研究を、今の時代に同じような方法で行うことは、けっして寺村の遺志を継ぐことにはならないと考える。今の時代にどんな研究が必要かを自分の頭で考え、実行することが寺村の遺志を継ぐことになる。（野田 2011: 93。下線筆者）

参考文献

庵　功雄（2011）「日本語記述文法と日本語教育文法」森篤嗣・庵功雄編（2011）所収

庵　功雄（2012a）『新しい日本語学入門（第2版）』スリーエーネットワーク

庵　功雄（2012b）「日本語教育文法の現状と課題」『一橋日本語教育研究』創刊号

庵　功雄・ヴァレンティーナ・スピターレ・笹原志保美・ネジュリ・オセアン・

ノハ・サラ・劉 時珍・トルヒナ・アンナ（2013）「他言語における「は」と「が」―イタリア語、英語、フランス語、アラビア語、中国語、ロシア語との対照から―」第127回関東日本語談話会発表要旨

グループ・ジャマシイ（1998）『日本語文型辞典』くろしお出版

白川博之（2002）「記述的研究と日本語教育―「語学的研究」の必要性と可能性―」『日本語文法』2-2

砂川有里子（1984）『セルフマスターシリーズ2 する・した・している』くろしお出版

砂川有里子・加納千恵子・一二三朋子・小野正樹編著（2011）『日本語教育研究への招待』くろしお出版

寺村秀夫（1976）「「ナル」表現と「スル」表現―日英「態」表現の比較―」寺村秀夫（1993）『寺村秀夫論文集Ⅱ』くろしお出版所収

寺村秀夫（1982）『日本語のシンタクスと意味Ⅰ』くろしお出版

寺村秀夫（1992）『寺村秀夫論文集Ⅰ』くろしお出版

仁田義雄（1988）「国語学から日本語学へ」『月刊言語』17-9

仁田義雄（2010）『仁田義雄日本語文法著作選3 語彙論的統語論の観点から』ひつじ書房

野田尚史（2000）「日本語学習者の「は」と「が」の習得」日本語文法学会設立記念大会発表要旨

野田尚史（2001）「日本語学の解体と再生」『日本言語学会第122回大会予稿集』

野田尚史（1994a）「日本語とスペイン語の無題文」『国立国語研究所報告108 日本語と外国語の対照研究Ⅰ 日本語とスペイン語（1）』くろしお出版

野田尚史（1994b）「日本語とスペイン語の主題化」『言語研究』105

野田尚史（1996）『新日本語文法選書1 「は」と「が」』くろしお出版

野田尚史（2011）「新日本語学者列伝 寺村秀夫」『日本語学』30-10

野田尚史編（2005）『コミュニケーションのための日本語教育文法』くろしお出版

三原健一（1992）『時制解釈と統語現象』くろしお出版

宮崎和人・安達太郎・白川博之（2006）「日本語文法学界の展望 展望1―記述・教育文法―」『日本語文法』6-1

森　篤嗣・庵　功雄編（2011）『日本語教育文法のための多様なアプローチ』ひつじ書房

Alfonso, A.（1966）*Japanese language patterns: a structural approach.* Sophia University

de Saussure, F.（1916）*Cours de linguistique générale.*（小林英夫訳（1972）『一般言語学講義』岩波書店）

14　「世界」とつながるためのささやかな試み
「見えない冠詞」をめぐって

前項「13　「世界」との対話をなくした日本語学」では、日本語学再興のためには、「個別言語学としての日本語学」を目指すという日本語学の建学の精神に立ち返ることが必要である旨を述べた。ここでは、そうした目標のためのささやかな試みとして、「冠詞」をめぐる筆者の論考を紹介したい。

修士論文前史

筆者は修士論文から博士論文にかけて日本語の指示詞の文脈指示用法を研究した。筆者がこの研究を始めた1991年頃は指示詞の研究が盛んで、特に金水敏氏と田窪行則氏による談話管理理論の立場からの研究が一世を風靡しつつあった。1992年に初版が出版された金水・田窪編（1992）は非常に優れた資料集であるが、その解説である金水・田窪（1992）の最後の次の部分に、筆者は当時非常に影響を受けた。

(1) 最終的に我々が目指すのは、言語普遍的な談話処理の一般原理の形式化と、それに基づく各言語の差異の抽出である。<u>指示詞の研究が単なる語彙の記述的研究である以上に我々の興味を引き続けるとすれば、そのような文脈においてであり、それ以外ではない。</u>（金水・田窪 1992: 191。下線筆者）。

この下線部を最初目にしたとき、当時の筆者には下線部が「もう

指示詞で研究することは何もない」という宣言のように読めた。そして、それが修士課程2年（M2）に入ってからのことだったので、研究の方向性ということで非常に悩んだ。現代日本語学講座のゼミ発表でもうまくいかなかったということもあった。

そうした状況に光明が差したのは、M2の10月に日本語教育学講座のゼミで発表した際に、安達太郎氏と渋谷勝己氏からいただいたコメントによってであった[1]。このとき、このまま進めば論文を書けるという手応えを初めて感じることができた。

修論を書き始めたのはM2の12月に国立国語研究所で開かれた文法談話会に参加した後で、1か月弱で書き上げた。

博士論文の「真意」

このようにして修論を書き上げることができたわけだが、この論文の口頭試問のとき、仁田義雄先生から「ここまで書けるとは思わなかった」と言っていただいたことばは生涯忘れることはない。研究者としての筆者の原点となっていることばである。

修論で苦しんだ分、博士課程に入ってからはある意味で、霧が晴れたように順調に筆が進んだ。ここで、筆者が博士論文において目指したことを改めて記しておきたい。

(2) a. 日本語の指示詞の文脈指示用法を記述するための理論的枠組みを整備する。
　　b. aを達成するために、一般言語学的に妥当な記述装置を用

---

[1] 筆者が博士論文を書いた際、コメントをいただいたのは仁田先生、安達さんと前田直子さんである。安達さんと前田さんには前半と後半に分けて草稿をお送りし、懇切丁寧なコメントをいただいた。今そのメールが残っていないのが残念であるが、最後の部分を送ったときの安達さんからのお返事に「この道一筋の匠の技を感じた」といった内容の一文があったことを今でもよく覚えている。

　　　　いる。
　c. a, bを実現するための理論的枠組みとして、Hallidayの機能主義、具体的には、Halliday & Hasan（1976）の枠組みを用いる。
　d. 談話・テキストレベルにおいても、反証可能な形で、「文法」として論じることが可能である部分が存在することを証明する。
　e. Halliday & Hasan（1976）の枠組みが日本語に適用可能か否かを日本語のデータにそくして考える。
　f. コ系統とソ系統の指示詞の文脈指示用法における使い分けの原則を抽出する。

　筆者が博士論文を提出したのは1997年5月1日のことで[2]、学位を取得したのは同年8月である。その後、その博士論文の内容をほぼそのまま出版したのが庵（2007）であり、この間に10年の空白がある。この間、博士論文のコピー許可の問い合わせがかなりの回数あり、出版後もそれなりの数読まれてはいる。しかし、そこでの読まれ方は基本的に、「指示詞の本」または「結束性の本」としてである。それはそれでありがたいことではあるが、指示詞の記述的研究というのは、（2）のa〜fに挙げた諸点のうち、a〜eを論証するための手段にすぎないのであって、筆者が最もその妥当性を世に問うたのは（2）a〜eの諸点であった。しかし、残念ながら、そのことが議論の対象になることはほとんどなかった。

---

[2] この日は筆者にとって忘れ得ぬ日である。この日、仁田先生にご一緒していただいて、阪大文学部の教務課に博士論文を提出した。筆者が博士論文執筆中の期間、仁田先生と博士論文について話をさせていただいたのは2回であり、いずれも筆者が就職してからのことである。博士在学中に、研究のことで、（共同研究室の前にあった）仁田先生の研究室に入ったことは記憶のかぎりでは1度もない。しかし、この2回の指導のときのことは今でも鮮明に記憶している。

日本語における指示詞と「冠詞」

　筆者の博士論文の「真意」は上記のようなことだが、その中でも、本項の主題である「「世界」とつながるための試み」ということで言えば、筆者がずっと考えてきたことは、日本語の指示詞と「冠詞」、特に「定冠詞」（英語の the や、フランス語の le, la など）との関係である。

　世界の多くの言語で、「定冠詞」は「指示詞」の指示機能が弱まってできたとされている（cf. Lyons 1977: 646ff.）。一方、日本語の「この」と「その」にも、ダイクシス（deixis）ではなく、照応詞（anaphora）と見るべき用法がある。そうすると、次のような点が問題となってくる。

(3) a. 日本語にも「定冠詞」は存在するか。
　　 b.「定冠詞」が存在するとすれば、それは「この」か「その」か

　まず、第一点についてだが、はじめに言えることは、日本語には英語[3]と全く同じ意味の定冠詞は存在しないということである。そもそも、英語に「定冠詞」が存在するというのは、次のようなことである。

(4) The Prime Minister has just resigned.

　この文の下線部は本項執筆時（2013 年 6 月）に日本で発話されれば「安倍氏」、イギリスで発話されれば「キャメロン氏」を指す。つまり、一種の関数である。こうした場合、その文脈で最もありうる解釈がとられる。こうした場合を「デフォルト的定」と呼ぶこと

---

[3] 以下の議論は基本的に他のヨーロッパの言語においても成り立つと思われるが、ここでは英語を対象とすることにする。

にしよう。次の例を考えてみよう。

(5) <u>The longest river</u> in Japan is the Shinano River.

この下線部は指示対象が1つしかないが、こうした場合に英語では定冠詞が必須である。こうした場合を「論理的定」と呼ぶことにしよう。そうすると、次のようになる。

(6) 英語では、「論理的またはデフォルト的定」の場合は「定冠詞」が必要である。

ここで「論理的またはデフォルト的定」というのを、「論理的デフォルト的定（Logical and defaultative definite；LDD)」と呼ぶことにする。LDD に関して重要なのは、LDD では定冠詞は使えるが、指示詞は使えないということである。実際、(4)(5)の下線部の定冠詞を指示詞に変えると、定冠詞のときと同じ解釈は不可能になる（現場指示の解釈では文法的であるが、以下ではその解釈は無視する。なお、「#」は、文としては文法的だが、当該の解釈では不適格であることを表す）。

(4)' {#<u>This</u>/#<u>That Prime Minister</u>} has just resigned.

(5)' {#<u>This</u>/#<u>That longest river</u>} in Japan is the Shinano River.

ここで、(4)(5)を日本語に訳すと次のようになる（φはそこに要素がないことを表す）。

(4)'' {<u>φ</u>／#<u>この</u>／#<u>その首相</u>} が辞めた。

(5)'' {φ／#この／#その日本最長の川} は信濃川である。

つまり、LDD の環境では、英語などにおいては定冠詞と範列的（paradigmatic）な関係にある語が、日本語では使えないのである。ここで、LDD は定冠詞を持つ言語では定冠詞（のみ）が使われる環境である。言い換えれば、LDD で使えるものだけを「定冠詞」と呼ぶべきであるとも言える（cf. Himmelmann 1996: 210-211）[4]。

ここで、限定詞（determiner）という観点から言うと、英語の場合、定情報名詞句（definite information；NP）、つまり、テキスト内で 2 回目以降に言及された名詞句は、音形を持つ限定詞を持たなければならない。したがって、(7) a は文法的だが、(7) b は非文になる。

(7) a. John was reading a book. {The/This/That book} was the one I gave him.
   b. John was reading a book. *φ Book was the one I gave him.

一方、日本語では定情報名詞句をゼロでマークすることは潜在的には可能である（ただし、常に可能であるわけではない）。

(7)' a. ジョンが本を読んでいた。{φ／この／その} 本は私が彼にあげたものだ。

これが「日本語には定冠詞がない」ということのもう 1 つの意味である。すなわち、日本語には、（英語と同じような）「統語的な定

---

[4] ここで LDD と呼んでいる環境は、小田（2012: ch. 2）で扱われている現象の一部に相当する。

冠詞（syntactic definite article；s- 定冠詞）」は存在しないと言える。

このことから、日本語には「定冠詞」は存在しないように見える。確かに、ここで議論を打ち切ってしまうとそうなる。しかし、もう少し観察を広げてみよう。

庵（2007: ch6, 7, 2012）で指摘したように、日本語の「この」と「その」にはそれぞれ、それしか使えない場合がある。「この」しか使えない場合は4つあるが、ここではそのうちの1つである「言い換え」を取り上げる[5]。そうすると、次のようになる。

(8)「この」しか使えない場合
　　私はクリスマスにキリスト教の洗礼を受けたので、この（*その）祝日には特別の思いがある。（加藤一二三「わが激闘の譜」『将棋世界』1995.2）

(9)「その」しか使えない場合
　　寺沢：しかし、金が目当てであった。この二つの事件に共通してみられる犯行の動機は、結局は、金であった、と検察官は断言しています。そうでしょうか。偽装殺人が実行されたとするその当時、被告人はそれほど金に窮していないことはこの法廷で実証済みです。その（#この）被告人が、国立大学に通う娘の学費とその将来の結婚資金欲しさに、敢えて自分の夫を、その保険金と退職金目当てに、計画的かつ残忍に殺すようなことがあり得るでしょうか。（「土曜ワイド劇場 事件3」1995.6.20放送分）

---

[5] これ以外の場合について詳しくは庵（2012）を参照されたい。

(8) では「この」だけが、(9) では「その」だけが使えるが、その理由は異なる。すなわち、(8) の場合は、「この」は「この祝日」全体で「クリスマス」と照応しており、「この」がないと、「祝日」一般を指してしまう。つまり、「この」は「外延（指示対象）」を特定するために使われているのである。一方、(9) の場合は、指示対象は「被告人」で既に特定されており、「その」は「外延」レベルではなく「内包」レベルで働いていると考えられる。

(9) の「その」は長田 (1984) の言う「持ち込み」を行っていると考えられる。「持ち込み」とは、先行文脈の情報を後文脈に運ぶことであり、(9) で言えば、「その被告人」というのは、「<u>偽装殺人が実行されたとするその当時、それほど金に窮していないことがこの法廷で実証済みの被告人</u>」のことである。そして、「その」はこの場合の下線部を受けている。

すなわち、次のように言える。

(10) 「この」は外延レベルで働き、「その」は内包レベルで働く。

このことの反映として、「この」は遠距離照応でも使えるのに対し、「その」は基本的に隣接した場合でしか使えない。

さて、(8)(9) のような文脈では限定詞（「この」または「その」）の使用が義務的である。言い換えれば、このときは一種の「定冠詞」が必須だと言える。この場合の「定冠詞」は「統語的な定冠詞」ではなく、「テキスト的な定冠詞（textual definite article；t-定冠詞)」である。では、他言語との比較という点で、より「定冠詞」に近いのは「この」と「その」のいずれであろうか。

この問題を考える上で示唆的なのが Corblin (1983) の議論である。同論文で Corblin は、定冠詞を「全域的で語彙的な照応詞 (anaphorique lexical global)」、指示詞を「局所的で位置的な照応

詞（anaphorique positionnel local）」と呼んで区別している。この Corblin の説はフランス語についてのみ述べたものだが、指示詞とは別に定冠詞が「テキスト内指示（endophora）」（Halliday & Hasan 1976）で用いられる理由を考えてみると、この説には普遍性がありうるように思われる。そして、この Corblin の説に依拠すれば、「この」と「その」のうち、より他言語の「定冠詞」に近い性質を持っているのは「この」であるということになる。

さて、「この」が「（定）冠詞」というのは意外な感じがするかもしれない。日本の英語教育では、暗黙のうちに the は「その」で訳すことになっているからである。しかし、次のような例を見ると、それが誤りだとわかる（訳は拙訳による）。

(11) a. Today, SONY's ever more aprawling product portfolio ranges from semiconductors, batteries, and recording tapes to video and audio gear for both consumers and professionals, computers, communications equipment, and factory robots. All these] are the progeny of SONY's 9000 engineers and scientists, most of whom workshops scatterd around Tokyo. World-wide, SONY employs 112900 people. Last year the company spent $1.5 billion supporting their research and product development efforts-- roughly 5.7% of revenues. (Fortune. Feb. 24, 1992)
b. これらはソニーの9千人の技術者や科学者の努力の成果である。彼らの大部分は東京近郊に点在している研究所で勤務している（世界中でソニーは112900人を雇用している）。昨年この（*その／*φ）会社は彼らの研究助成と製品改良の支援のためにその収入の約5.7%である

15億ドルを支出した。

この例の"the company"は「その会社」とは訳せず、「この会社」としか訳せない。これは"the company"が"SONY"の言い換えになっていることによると思われる。

「世界」とつながるために

本項では「世界」とつながるためのささやかの試みとして、筆者の研究を紹介した。そこで意識し続けたのは、一般言語学的な対話ができる形での記述ということである。庵（2007）（それはほぼ庵1997にもとづいている）の第一部で行っているさまざまな用語の定義もそうした観点からなされたものである[6]。日本語学がこれから息を吹き返すためには、日本語学の研究者が自らの研究の一般言語学的な位置づけということを意識し続けることが必要なのではないかと思う。

本項の元になっている庵（2003）の執筆依頼が『月刊言語』の編集部から来た当時、筆者の体調はかなり悪かったが、この論文だけは何としても書きたいと思って書いた。内容はともかく、「世界」を意識して書いたものとして、自分では拙論の中の代表作だと思っている[7]。

---

[6] こうした観点から庵（2007）の「真意」を伝えるための著作を準備中である（庵2014予定）。

[7] 本項を一度執筆した後、小田（2012）を読むことができた。小田（2012: 343）の、「定名詞句 the N/le N は、現実世界の事物を直接に指示しているように見える場合でも、決して現実世界の何かを指示することはない。定名詞句 the N/le N は常に、「何らかのフレーム」を介して、現実世界の何かを間接的に参照させるだけである」という記述には教えられるところが非常に大きかった。今後は同書で示されている「定冠詞」による「指示」の方略と日本語の指示表現による「指示」の方略の関係を考えていく必要がある。これは、極めて発展性の高い研究課題である。

参考文献

庵　功雄（1997）「日本語のテキストの結束性の研究」未公刊博士論文、大阪大学

庵　功雄（2003）「見えない冠詞」『月刊言語』32-10

庵　功雄（2007）『日本語研究叢書21　日本語におけるテキストの結束性の研究』くろしお出版

庵　功雄（2012）「指示表現と結束性」澤田治美編『ひつじ意味論講座6　意味とコンテクスト』ひつじ書房

庵　功雄（2014予定）『日本語指示表現の文脈指示用法の研究―一般言語学との対話を目指して―（仮題）』ひつじ書房

小田　涼（2012）『認知と指示―定冠詞の意味論―』京都大学学術出版会

金水　敏・田窪行則（1992）「日本語指示詞研究史から／へ」金水　敏・田窪行則編（1992）『日本語研究資料集　指示詞』ひつじ書房

名嶋義直（2009）「（書評）庵功雄著『日本語におけるテキストの結束性の研究』（くろしお出版　2007）」『日本語の研究』5-2

長田久男（1984）『国語連文論』和泉書院

仁田義雄（1977）「「文の文法」から「文を越える文法」へ」『佐藤喜代治教授退官記念国語学論集』桜楓社

仁田義雄（1996）「第10章語り物のモダリティ」仁田義雄（2009）『仁田義雄日本語文法著作選第2巻　日本語のモダリティとその周辺』ひつじ書房に再録

仁田義雄（1997）『日本語文法研究序説』くろしお出版

Corblin, F.（1983）"Défini et demonstrative dans la reprise immédiate," *Le français moderne*. 51-2.

Halliday, M.A.K. & R. Hasan（1976）*Cohesion in English*. Longman.

Himmelmann, N. P.（1996）"Demonstrative in narrative discourse," in Fox, B.（ed.）*Studies in anaphora*.（Typological Studies in Language 33）John Benjamins.

Lyons, J.（1977）*Semantics* 2. Cambridge University Press.

付　記

仁田義雄先生の言語観と Halliday の機能主義

　仁田義雄先生は研究者として非常に懐が広く、カバーする領域の広い方であるが、外から見るかぎり、筆者がやっていたことは先生の領域からは最も遠いように見えたかもしれない。安達氏たちのようなモダリティ研究はもちろん、山東功氏のような文法研究史も仁田先生の直系の専門であるので、当時の院生の中では筆者は最も異端に見えたかもしれない。しかし、敢えて誤解を恐れずに述べれば、筆者は仁田先生の最もコアの言語観を引き継いでいるというささやかな自負を持っている。これも誤解を恐れずに言えば、仁田先生のコアの言語観に最も近いものは Halliday の機能主義ではないかと思う。仁田（1997）を読む度にそう思う。日本の文法研究者の中で、Halliday の枠組みをここまで取り入れた考え方をしている例を筆者は他に知らない（いわゆる Hallidian はいるが、その人たちの研究の大部分はただ Halliday の説を紹介しているにすぎず、日本語学の知識の浅薄さもあって、日本語学全体に何のインパクトも与えていない）。さらに言えば、仁田先生が目指されているのは「語彙論的統語論」にもとづいた談話・テキスト研究、すなわち、「語彙論的統語論的文章論」とでも呼ぶべきものであるように思う。仁田（1977）にそうした指向性を読み取ることができる。また、仁田先生の論考としてあまり取り上げられることはないが、仁田先生の言語観をよく反映していると思うのが仁田（1996）である。モダリティ形式がこうした観点から取り上げられたことはこれまでないだろうと思う。

先行研究への批判と敬意

　筆者の博士論文を指示詞の記述的研究として受け取る人が多かった中、その本質に触れてくださった数少ない例外が名嶋（2009）である。この書評で名嶋氏は、筆者の議論に対して、正面から論戦を挑んでくださっている。何より、筆者の意図を十分に理解した上で議論を行ってくださっている。これはたいへんありがたいことである。近年、庵（2007）に関する議論を散見するが、その大部分は信じがたいレベルの誤読にもとづくものである。

どこをどう読むとそのような解釈が可能になるのか全く理解に苦しむものが多い。筆者は先行研究を批判的に読むということの必要性は十分に理解しているつもりだが、先行研究を批判する際には、その論文に対して十分な敬意を示すべきであると考える。その論文の意図を十分に理解した上で議論をするのは研究者として最低限のモラルである。そうしたことを考えず、ただ先行研究の揚げ足を取ってよしとする論考が流布することは研究の発展上好ましいこととは言えないのではなかろうか。

15 新しい対照研究の可能性
「漢語サ変動詞の自他の習得」から見えてくること

筆者がここ数年来追いかけているテーマの1つに「漢語サ変動詞の自他の習得」ということがある。ここではこのテーマが持つ対照研究に対する含意について考えてみたい。

漢語サ変動詞の自他

漢語サ変動詞の自他は学習者にとって習得が難しいものである。確かに、和語の自他も形態上の問題で難しいものではあるが、漢語の場合は、明示的な形態上の対応がなく、基本的に全て「―する」であるところに難しさがある。

漢語サ変動詞には次の3つのタイプがある。

第一は、自動詞用法が「―する」で、他動詞用法がないもの（自動詞）(ex. 回転する、振動する)であり、第二は、自動詞用法がなく、他動詞用法が「―する」であるもの（他動詞）(ex. 演奏する、印刷する)であり、第三は、自動詞用法も他動詞用法も「―する」であるもの（自他両用動詞）(ex. 拡大する、加速する)である。

この分野の最新の研究である張 (2013) によると、読売新聞2000年度版に出現した全ての二字漢語動名詞[1]は4383語あり、それを上記の動詞の種類別に分類すると次のようになる。

---
[1] 動名詞というのは、「する」をともなってサ変動詞として使うことができる語のことをいう（影山 1993、小林 2004、張 2013）。

表1　二字漢語動詞の自他の分布状況（張2013）

自他	語数	割合	出現頻度の合計	平均出現頻度
他動詞	2,284	52.1%	382,191	167
自動詞	1,830	41.8%	172,250	94
自他両用動詞	269	6.1%	75,826	282
合計	4,383	100.0%	630,267	144

　このように、形態的な関係の複雑さがサ変動詞の自他を習得しにくいものにしているが、問題はそれだけではない。中国語話者や韓国語話者にとっては、母語の漢字語[2]と日本語の漢語が同形同義であっても、自他が異なる場合もあり、問題はより複雑である。

漢語サ変動詞の自他と非対格性の仮説

　さて、漢語サ変動詞の自他を考える上で、重要な視座を与える概念に、非対格性の仮説がある。これは、自動詞には、主語の意味役割（深層格）が動作主ではない（多くは「対象」の）もの（非対格自動詞）と、主語の意味役割が動作主であるもの（非能格自動詞）があるというものである。両者の構造はGB理論の時代の表記法で表すと次のようになる。

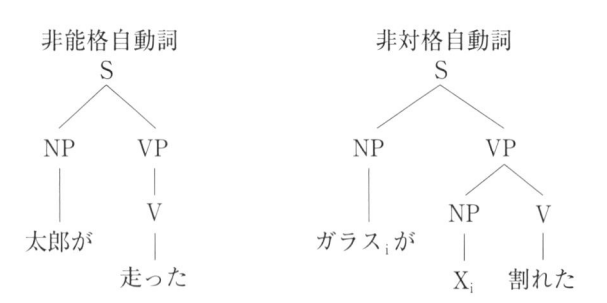

```
        非能格自動詞              非対格自動詞
            S                        S
           / \                      / \
          NP  VP                   NP  VP
          |   |                    |   / \
          |   V                    |  NP  V
          |   |                    |   |  |
         太郎が 走った             ガラスᵢが Xᵢ 割れた
```

---

[2] 本書では、日本語の中の語種を指すときは「漢語」、中国語、韓国語に存在する漢字で表記される語を指すときは「漢字語」を用いることにする。

つまり、非対格自動詞の主語は、D-構造では動詞の目的語の位置にあって、D-構造からS-構造に変形が行われる際に、主語の位置に移動するのに対し、非能格自動詞の主語はD-構造の時点で既に主語の位置にあるということである。

誤用のタイプと母語による違い

さて、漢語サ変動詞に関わる誤用についてだが、これについては、中川（2005: 138）が中国語話者について指摘しているように、誤用がかなりある。その中でも特に多いのが、次のような「非対格自動詞の受身」である。

（1）＊中国版新幹線が北京―上海間で開通された。（開通した）

（2）＊地震によって道路が陥没された。（陥没した）

筆者はこの非対格自動詞の受身を調べているのだが、そこでわかってきたことは、中国語話者と韓国語話者では誤用の理由が異なるらしいということである。

筆者はこれまでに、中国語話者を対象とする調査（庵2010）と韓国語話者を対象とする調査（庵・高・李・森2012）を行っているが、その結果からわかるのは、中国語話者は全ての非対格自動詞について受身を許容するのではなく、受身を許容しない動詞もあるのに対し、韓国語話者はほぼ一様に非対格自動詞の受身を許容するということである[3]。

---

[3] これまで筆者が行ってきたのは文法性判断テストである。このタイプのテストでは、韓国語話者の非対格の受身に対する許容度はおしなべてかなり高い。しかし、上級〜超級レベルの学習者の作文には必ずしもこうした誤用は頻出しない。このあたりの事情についても今後解明していく必要がある。

例えば、筆者は昨年、担当する日本語のクラスで、漢語サ変動詞の自他に関する文法性判断テストを行った。このクラスの受講生のほとんどは日本語能力試験 N1 合格レベルをはるかに超える日本語能力を持っている。(1)(2)はその中の例であるが、(1)については、中国語話者も韓国語話者も「される」を高い割合で許容したが、(2)については、韓国語話者の許容度は高かったが、中国語話者の許容度は低く、母語話者の判断に近いものであった。

　こうした違いが見られる要因としては次のようなことがあるのではないかと思われる。

　まず、中国語話者が非対格自動詞の受身を許容する場合は、それを他動詞だと考えているものと思われる。例えば、(1)は次の文を受身にしたものと考えているのであろう。

(1)' a.　X が中国版新幹線を北京―上海間で開通した。
　　 b. * 中国版新幹線が北京―上海間で開通された。(=(1))

すなわち、(1)' a, b を (3) a, b と対応するものと考えているのである。

(3) a. X が北京でオリンピックを開催した。
　 b. オリンピックが北京で開催された。

　一般に、直接受身は対応する能動文の動作主を背景化するために用いられる (cf. 庵 2012、柴谷 2000) ので、(3) では能動文よりも受動文の方が用いられやすい。これとの類推で、(1)' b が文法的だと判断しているものと思われる。

　これに対し、(2) には対応する能動文が想定できないため、許容度が低いものと思われる。

(2)′ a. ??Xが道路を陥没した。
　　b. *地震によって道路が陥没された。(=(2))

　一方、韓国語話者の (1) と (2) の許容度は同程度で高かった。これは、韓国語では非対格自動詞の漢字語には「される」にあたる「toeda」が付くことに由来する転移であると思われる。

日本語学への示唆

　以上見てきたような現象はこれまでほとんど指摘されていないが、非常に興味深いものだと思われる。日本語はいわゆる「ナル型言語」であり (cf. 池上 1981、寺村 1976=1993、影山 1996)、そのため、(1) のような場合に、動作主を背景化する表現を好むのであろう[4]。しかし、例えば、「スル型言語」の代表である英語でも (4) のような表現は存在する (cf. Hinds 1986)。

(4) The doors close. (cf. The doors are closed.)

　では、そもそも英語において、どのような場合にこうした非対格の表現が可能になるのかということが問題になる。そして、そのことは日英両言語(さらには中国語も含めた3言語)における事象の認知様式の差異という問題につながり、さらには、3言語における(自他を含む)ボイス全体の体系を考え直すきっかけになる可能性もある[5]。

---

[4] 類例に「ドアが閉まります。」(cf. ドアを閉めます) という駅のアナウンスがある。
[5] こうしたことを考える上で、貴重な視座を与えてくれるのではないかと思われるのが、定延 (2000) で提案されている「カビはえモデル」である。これまでの「ビリヤードモデル」に依拠した発想を変えることが本項で提起した問題を考える上で重要であるように思われる (庵・宮部 2013 も参照)。

現在筆者にそうした問題に対する解答があるわけではないが、ここで指摘したいのは、ものの見方を変えれば、そして、一般言語学的な指向性を持ち続けていれば、新たな文法現象はまだまだ数多く見つかるという事実である。

参考文献

庵　功雄（2010）「中国語話者の漢語サ変動詞の習得に関わる一要因」『日本語教育』146
庵　功雄（2012）『新しい日本語学入門（第2版）』スリーエーネットワーク
庵　功雄・高　恩淑・李　承赫・森　篤嗣（2012）「韓国語母語話者による日本語漢語サ変動詞の習得における母語転移に関する一考察」『言語科学会第14回年次国際大会予稿集』
庵　功雄・宮部真由美（2013）「二字漢語動名詞の使用実態に関する報告─「中納言」を用いて─」『一橋大学国際教育センター紀要』4、一橋大学
池上嘉彦（1981）『「する」と「なる」の言語学』大修館書店
影山太郎（1993）『文法と語形成』ひつじ書房
影山太郎（1996）『動詞意味論』くろしお出版
小林英樹（2004）『現代日本語の漢語動名詞の研究』ひつじ書房
定延利之（2000）『認知言語論』大修館書店
柴谷方良（2000）「3 ヴォイス」仁田義雄・村木新次郎・柴谷方良・矢澤真人『日本語の文法1　文の骨格』岩波書店
張　志剛（2013）「現代日本語の二字漢語動詞の自他」2012年度一橋大学博士論文
寺村秀夫（1976）「「ナル」表現と「スル」表現─日英「態」表現の比較─」寺村秀夫（1993）『寺村秀夫論文集Ⅱ』くろしお出版所収
Hinds, J.（1986）*Situation vs. Person Focus.* くろしお出版

16　車内放送から始まる文法研究

文法研究のネタは思わぬところに落ちていることがある。ここではそうした例を紹介したい。

　筆者は現在、JR中央線の国立駅の近くに住んでいる。国立から中央線の快速で東京方面に向かうと停車駅は次のようになる（本項に関連する部分のみ）。

(1) (国立→) 中野→新宿→四ツ谷 (→東京)

さて、中央線では日本語の車内放送のあとに同じ内容を英語でも放送する。中野を出た直後の車内放送は次の通りである（本項に関連する部分のみ）。

(2) a. 次は新宿です。新宿を出ますと、次は四ツ谷に停まります。
　　b. The next station is Shinjuku. The stop after Shinjuku <u>will be</u> Yotsuya.

そして、四ツ谷に近づくと、次の放送が流れる。

(3) a. 次の停車駅は四ツ谷です。右側のドアが開きます。ご注意ください。
　　b. The next stop <u>is</u> Yotsuya. The doors on right side <u>will open</u>.

ここで、日本語の下線部と英語の波線部を比べてみたい。特に、筆者が面白いと思ったのは、(2) b の "will be" である。ここで will が使えるのは、まさに will が「未来」を表すからであろう（ただし、ここは is も使えるようである）。一方、(3) b では is が使われている。

　これに比べて、日本語の下線部はどうかというと、ル形のみが可能である。すなわち、次のような言い方は全く不可能である。

(2)' a. *次は四ツ谷に止まる<u>でしょう</u>／<u>と思います</u>。

(3)' a. *次の停車駅は四ツ谷<u>でしょう</u>／<u>だと思います</u>。

　なお、多くの場合、「未来」の事象については、「だろう、と思う、かもしれない」などの認識的モダリティをつけることができる（もちろん、モダリティ形式の違いによって、命題の実現可能性などに関する話し手のとらえ方は異なる）。

(4) 明日は雨が降る<u>だろう</u>／<u>と思う</u>／<u>かもしれない</u>。

(5) 彼は5時ごろ来る<u>だろう</u>／<u>と思う</u>／<u>かもしれない</u>。

　こうした日英の違いについての完全な説明はまだ持ち合わせていないが、少なくとも、こうした違いは、日本語における「未来」というのが英語におけるような「発話時よりあと」といった外界世界との関連で決まるものではないことを示唆している。
　さて、(1)～(3) では「だろう」などを付加できない[1]。これは、

---

[1] (3) の 2 文目は日本語については「でしょう」などが付加できないという点で他の例と変わらないが、英語の "will open" は (2) b の 2 文目とは異なり、will を省略でき

これらが「発話時において(話し手の意識の中で)確定した」未来だからであろう(同様の指摘が有田(2007)にある)。

一方、(4)(5)では「だろう」などが付加可能で、付加するか否かは、「断定」(仁田 1997)「確言」(寺村 1984)を表すか「概言」(寺村 1984)を表すかの違いになる。

これに加えて、3つ目のタイプとして、次のようなものがある(cf. 伊藤 2013)。

(6) *彼は運命の人に<u>出会います</u>。(cf. 出会う<u>でしょう</u>)

(7) *彼女は子供を<u>授かります</u>。(cf. 授かる<u>でしょう</u>)

このタイプは、出来事としては「未来」を表すにもかかわらず、ル形で言いきることができず、「だろう」などの付加が義務的である[2]。以上を図示すると、次のようになる。

(8)

日本語	英語
「だろう」などの付加が不可能	基本的に will の付加が義務的 (一部、will が省略可能な場合もある)
「だろう」などの付加が可能	
「だろう」などの付加が義務的	

この表の中身についてはこれから詰めていく必要があるが、ここで指摘したいのは、車内放送を聞いたときに「おやっ」と感じる感覚(アンテナ)を常に磨いておけば、文法研究のネタは至る所で見

ない。

[2] (6)(7)は占い師／予言者のことばとしては文法的である。このタイプの動詞については、心理動詞との関連を含めて伊藤(2013)に優れた観察がある。

つかるということである。そして、この意味で文法研究は「タダで」できるものなのである。

参考文献
有田節子（2007）『日本語研究叢書20　日本語条件文と時制節性』くろしお出版
伊藤龍太郎（2013）「一人称単数主語の場合の心理動詞の使用に関する考察」2012年度一橋大学卒業論文
寺村秀夫（1984）『日本語のシンタクスと意味Ⅱ』くろしお出版
仁田義雄（1997）「断定をめぐって」『阪大日本語研究』9、大阪大学

17　日本語は非論理的な言語か

　三輪正『一人称二人称と対話』(人文書院、2005) という本がある。帯には、「グローバル社会の中で危機に立つ日本語の言葉遣い　どうすれば日本語が会話や対話にとって使いやすい言語になるか――真摯な問いかけ」とある。

　目次にも、「日本語の一人称二人称では理性的な対話は成り立ちにくい」「日本語の一人称二人称は歌には向いても対話には向かない」「日本語の多数の一人称二人称は普遍を考えるのに好適とは言えない」「一人称二人称が現在のままではまともな議論は成り立ちにくい」などなど、非常に「刺激的な」言辞が並んでいる。

　「そうか、日本語はやっぱり「非論理的な」言語だったんだ。」この本の読者の中にはこういう感想を持つ人が多いかもしれない。それほど、三輪氏の筆力はたいしたものである。

「人称代名詞」の問題

　しかし、である。本当にそうなのか。「日本語」は「非論理的」なのか。筆者にはそうは思えない。なお、予め断っておくと、これは「日本人」は「非論理的」ではない、と主張しているわけではない。「日本人」の言語様式の中に「非論理的」と言われても仕方がない部分があることは筆者も否定はしない。しかし、そのことと「日本語」という言語が「非論理的」である (＝日本語は論理的な思考に適さない) ということとは全く別のことである。本項で筆者が論証したいのは、「「日本語」は「非論理的」な言語ではない」ということであって、日本人の言語様式を擁護することが目的ではな

い。

　まずはじめに、三輪氏の論点を整理してみよう。

　三輪氏は、日本語の一人称二人称の代名詞が多くの種類を持つことを問題視する。確かに、よく知られているように、日本語には多くの種類の代名詞が存在し、一人称で言えば、「わたし、わたくし、僕、俺、わし、自分……」、二人称で言えば、「あなた、君、おまえ……」など数多くの語が存在する。そして、それを使うことによって、その人の属性があからさまになる。このような言語ではまともな対話は成り立たない、氏の論調をまとめるとざっとこのような感じになる。

　確かに、出されている例はその通りである。日本語母語話者として、人称代名詞の使い方が難しいと感じることがあることは否定しない。しかし、三輪氏の議論は明らかに事実を誇張しすぎている。以下、この点について具体的に論じていく。

違和感その１―「代名詞」は出現しなければならないか？―

　氏の論調に違和感を感じる第一の理由は、そもそも日本語では一人称二人称の代名詞を明示的に出さないのが無標であるという点に由来している。今、「名大会話コーパス」という、電子化され公開されている自然会話（雑談）のコーパスを検索してみると、次のようになる（全ファイル数130の半数の65ファイルの検索結果）。

(1) 一人称が主語である総文数：3220
　　一人称が出現する総文数：258（わたし／わたくし[1] 180　あたし33　俺25　僕5；私たち8　うちら5　俺ら2）

---

[1] 名大会話コーパスの本文では「わたし」と「わたくし」は区別できない（「私」と書かれている場合、どちらとも判断がつかない）ので、ここでは両者の数値を合算している。

二人称が主語である総文数：842
　　二人称が出現する総文数：42（あんた20　あなた16　おまえ2　お宅2）

　つまり、日常会話において、一人称二人称が出現する割合は10％にも満たない（7.5％）のである。しかも、代名詞の種類にしても安定して使われているのは、一人称二人称とも3〜4種類にすぎない。このことから、次のように言うことができる。

（2）日本語の会話では一人称二人称を言わないのが無標である。これらを言う場合でも、そのバリエーションはそれほど多いとは言えない[2]。

これに対して、三輪氏は次のように述べる。

（3）一人称二人称は主語としては日本語で対話にとってかならずしも必要ではありません。<u>敬語などを適切に使うと</u>、よく知った相手との会話であれば、一人称二人称はほぼ不要です。しかし対立点をはっきりさせようと思えば必要になるのが一人称二人称です。人間に対立があるから対話があり議論がありますが、対話や議論ではあなたの主張はこれ、私の主張はこれ、と一人称二人称を使って双方の相違点をはっきりさせる必要が出てきます。一人称二人称の問題は対話の大前提の問題です。（三輪 2005: 18-19。下線筆者）

　この引用部分から三輪氏は一人称二人称が出現しないのは「敬

---

[2] 三輪氏が認めているように、フランス語やドイツ語にも二人称には2つの種類があるので、日本語の二人称はそれより1つ多いだけである。

語」の存在によるものと考えているらしいことがわかる。そして、後の議論を読むと、そうした「敬語」の存在を氏が非常に敵視していることもわかる。

しかし、本当にそうだろうか。次の会話を考えてみよう。

（4）A：昨日築地で寿司を食べたんだよ。
　　　B：誰かにおごってもらったのかい。

この文には一人称二人称の主語が現れていない。三輪氏に言わせれば、（おそらく）救いようのない「非論理的な」文なのであろう。しかし、（4）Aの「のだ」が自分の経験を聞き手に「披瀝」するものであるとすれば（cf. 田野村1990）、経験を披瀝しているのが一人称であるというのは極めて当たり前の推論から出てくることではなかろうか。もちろん、「論理的には」（4）Aの主語は三人称でもありうるが[3]、（4）Aが話し始めの文で発せられたものである場合にはこの解釈はありえない。なぜなら、もしこの文が話し始めの文で発せられたものであり、かつ、この文の主語が三人称であるとすると、この文は「格枠組みに関する原理」に違反するからである（cf. 庵2012）。

このように、（4）Aはいくつもの一般的な原理からその主語が一人称であることが保証されている。一方、（4）Bはどうかと言えば、これもデフォルトの解釈では主語は二人称であるとしか考えられない。もし、（4）Aという一人称主語の文に対して、三人称（しかも指示対象がわからない！）を主語に持つ疑問文で答えたとすれば、その発話は明らかに、Griceの言う会話の公理（maxim）のうちの「関連性の公理（maxim of relevance）」に違反するから

---

[3] 聞き手の情報領域（「なわばり」）を侵すことを示すマーカーである「ね」を伴っていないので、この文の主語が二人称であることはありえない（cf. 神尾1990）。

である（cf. Grice 1975）。

　このように考えてみると、「敬語」を伴わないごく一般的な日本語文においても一人称二人称が顕現しなくても、その発話者が誰であるかがわからなくことは（通常）ない[4]。したがって、一人称二人称の非顕在の問題を「敬語」とリンクさせて論じている（3）は日本語の言語事実を正しく観察していないということになる。つまり、「敬語」などとは関係なく、次のような解釈ストラテジーが存在するということである。

（5）話し始めの文では、間接形をともなわない述べ立て文（平叙文）の主語はデフォルトでは1人称と解釈され、疑問文の主語は2人称と解釈される。

　ここで、「間接形」というのは神尾（1990）の用語で、「だろう、かもしれない、ようだ、らしい、そうだ」などのような寺村（1984）の言う「概言」に当たるものを言う。神尾（1990）によれば、話し手は自分の情報のなわばり内にない情報については間接形

---

[4]（4）A, Bの指示対象が「推論」によって決まると言うと、「推論」に依存すること自体が「非論理性」の表れだと言う人がいるかもしれない。しかし、日常生活ではこのような推論はごく当たり前に行っている。例えば、車を運転しているとき、前の車は急停車しないということを前提としているが、これとて、一種の「仮定」（ないしは「希望的観測」）にすぎないわけで、前の車の運転者が突然心臓麻痺を起こして車を急停止させるかもしれない。そういうことも「論理的には」ありえないとは言えない。しかし、そのような可能性まで想定していてはとても運転はできないので、われわれはそういうことは「起こらないものとして」車を運転しているのである。これはあくまでそうせざるを得ないからそうしているだけであって、そういうことは絶対に起こらないからそうしているわけではない。実際、2011年3月11日より前に、福島第一発電所が水素爆発を起こして、向こう数十年にわたって人が住めないような場所ができることを想定していた人がいただろうか。そういう意味でわれわれの生活は所詮「確率的」なのである。そうであるとすれば、言語運用において、上記のような「推論」に依拠するのも十分根拠があることだと言えよう。

をつけなければならない。したがって、(4) A を次のように言った場合にはその主語は一人称ではなくなる。

(6) 昨日築地で寿司を食べた<u>そうだ</u>よ。

しかし、この文は話し始めの文では不適格である。なぜなら、その場合、この文の「食べる」が取る格枠組みの中のガ格が同定されないままになり、「格枠組みの原理」に違反するからである[5]。

このように、日本語文の多くは、主語が明示的に現れなくても、その文の主語が誰／何であるかがわかるようになっているのである。

違和感その2―英語は「世界標準」の言語か？―

三輪氏の議論に違和感を感じる第二の理由は、氏が「英語、フランス語、ドイツ語、漢語[6]は論理的」だが、日本語はそうではないという論調を振りかざす点にある。これもまた解せない主張である。確かに、前三者においては主語はほとんど常に顕現するであろう。しかし、それは、述語の活用が十分に弁別的でなくなっているために仕方なくそうなっているということにすぎない。英語とフランス語は明らかにそうである。ドイツ語は必ずしもそうではないかもしれないが、ドイツ語には「定形第二位の原則」という構文上の強い制約があり、これを守るために主語が出なければならない度合いが高いのではないかと考えられる。

これに対して、同じヨーロッパ言語でも、イタリア語やスペイン語などでは、主語は出現しないのが普通である。これらの言語で主

---

[5] このあたりの議論について詳しくは庵（2012）を参照されたい。

[6] 三輪氏は中国語の北京方言を「漢語」と呼んでいる。

語を顕現させると、日本語での自己紹介で「私は庵です。どうぞよろしく。」と言った場合に感じるような不自然さが生じるという。

では、三輪氏はイタリア語やスペイン語も「非論理的な」言語とするのであろうか。おそらくそうはしないであろう。もしそんなことをしたら、これらの言語の祖語であるラテン語も同じ理由で「非論理的」になってしまうからである。

しかし、言語学ではイタリア語やスペイン語と日本語は同じ pro-drop 言語[7]とされている。したがって、日本語を「主語が顕現しない」という理由で「非論理的」とするのなら、イタリア語やスペイン語と日本語はどこが違うのかを述べる必要がある[8]。そして、そのことは必ずしも容易ではないと考えられる。

例えば、日本語の感情形容詞に見られる「人称制限」を取り上げてみよう。日本語の感情形容詞の主語は一人称に限られる。したがって、次の文の主語は全て一人称である。

(7) a. うれしいなぁ。
　　 b. 寂しいなぁ。
　　 c. 悲しいなぁ。

一方、次のように言うことはできない。

---

[7] pro-drop 言語というのは生成文法の用語で、文脈から指示対象が明らかである代名詞を統語的に省略してもよい言語のことである。

[8] こうした意見に対しては、「主語を言わないかどうかが「非論理的」なのではなく、言う場合に言い方がいくつもあることが「非論理的」なのだ」という反論があるかもしれない。しかし、これはよくわからない主張である。この理屈で言うと、「主語を言わないこと」は「非論理的ではない」ことになるが、上で見たように、日本語の会話では 90% 以上の場合に主語を言わない。この事実とこの理屈を合わせると、日本語の文はほとんどの場合「論理的」であるという結論になるが、これは三輪氏が意図していることではないであろうと想像する。

(8) a. * 太郎はうれしいなぁ。(cf. 太郎はうれし<u>そう</u>だなぁ。)
　　b. * 太郎は寂しいなぁ。(cf. 太郎は寂し<u>そう</u>だなぁ。)
　　c. * 太郎は悲しいなぁ。(cf. 太郎は悲し<u>そう</u>だなぁ。)

　この（8）a～cは非文法的であるため、（7）a～cの主語が三人称であると解釈される可能性はない。ここでも、主語を明示しなくても人称は自動的にわかるが、これは言語普遍的に言っても当然のことであろう。つまり、一般的に感情形容詞が三人称を主語に取るということはありえないのである[9]。

　さらに言えば、意志動詞のル形が裸で用いられた場合（述べ立て文）、通常その主語は一人称になる。例えば、次の通りである。

（9）明日大阪に<u>出張します</u>。

（10）来週国に<u>帰る</u>。

（11）今晩はここで<u>寝る</u>。

　これは、意志動詞のル形は意志を表すからである[10]。

---

[9] 英語では"Taro is sad."などと言えるので、一見この反例に見えるが、実際にはこうした表現は反例にならない。この点について詳しくは神尾（1990）を参照されたい。

[10] さて、このように見てきたとき、「敬語」が主語の特定にどれぐらい利いているかということが問題になる。次の例を考えてみよう。

（ア）太郎に<u>お貸しになった</u>よ。

　この文は「お貸しになる」という「敬語（尊敬語）」を使った例だが、もちろんこの文の主語は一人称ではありえない。したがって、（3）で三輪氏が述べている「<u>敬語などを適切に使うと</u>、よく知った相手との会話であれば、一人称二人称はほぼ不要です。（下線筆者）」という記述は事実に反する。敬語を使うことで、一人称が不要になるの

これに対して、意志動詞でもタ形になると、一人称か三人称かは曖昧になる。例えば、次の文は話し始めの文でなければ、一人称か三人称か曖昧になる。

(12) 先週国に帰った。

そして、場合によっては次のような疑問文を誘発する。

(13) A：先週国に帰った。
　　 B：えっ、だれが。

しかし、この種の誤解は英語でも生じうる。例えば、先行文脈でジョンとビルが話題になっているときに(14)Aのように言えば、(14)Bのような疑問文を誘発する可能性がある。

(14) A：He went back to his country.
　　 B：Who did?

つまり、Heという代名詞の指示対象が決まらないかぎり、いくら主語が明示されていても意味がないのである。ちなみに、こ

は謙譲語、丁重語の場合である。例えば、次の文の主語は一人称になる。

(イ) 先生の（お）荷物をお持ちしたよ。

しかし、この場合は非敬語形の「持った」でも同じく主語は一人称に限られる。

(ウ) 先生の（お）荷物を持ったよ。

したがって、「敬語」が特に主語の特定に利いているわけではないのは明らかである。

の意味で三人称の「代名詞」と一、二人称の「代名詞」には機能上の大きな差がある。そして、(14) Bのような疑問文が誘発されるのは、Benvenisteが指摘するように、一、二人称は「人称」、三人称は「非＝人称」という形で機能が異なるためである（Benveniste 1966）。例えば、(14) Aの主語がIまたはyouであれば、(14) Bのような疑問文は決して誘発されない。

　さて、イタリア語やスペイン語で主語が明示されないのは述語の活用が豊富であるためだが、以上見てきたことから、日本語においても同じようなことが見て取れると言えよう。したがって、この点において、日本語はイタリア語やスペイン語と本質的に異なるとは言えない（この点については庵2003の議論も参照）。そうであれば、日本語がもし「主語を言わない」から「非論理的」だと言うとすれば（これもよくある俗説だが）、同じ理由でイタリア語やスペイン語も「非論理的」であることになり、そうすると、結局ラテン語も「非論理的」だということになる。しかし、ニュートンやデカルトの書のことを引き合いに出すまでもなく、近代ヨーロッパの知の源泉はラテン語である。そのラテン語が「非論理的」だとは、三輪氏はもとより、誰も言わないであろう。しかし、「言語学的に」考えれば、「主語を言わない」ことは「非論理的」だと仮定すると、「論理的に」、「ラテン語は非論理的だ」という結論になるのである。

　では、三輪氏の議論の何が問題なのか。

　それは、三輪氏の議論が英語という「特殊な」言語に依存しているということである。角田（1992, 2009²）は類型論の考え方を日本に広く知らしめた好著であるが、その第9章で「日本語は特殊な言語ではない。しかし、英語は特殊な言語だ」ということが述べられている。角田氏は世界のさまざま類型に属する130の言語を調査し、その結果から上記の結論を導いている。例えば、一般疑問文を作るために主語と述語を倒置するのは上記の130の言語のうち

の8％にすぎず、しかもそれは全てヨーロッパの言語である。しかも、その中でも倒置する際にdoのような助動詞を用いる言語は英語以外にないという。また、主語の「強さ」は他言語に抜きんでている（cf. 角田2009: 236-238）。その最たるものが仮主語itや虚辞のthereである。このような点をとらえて角田氏は「英語は特殊な言語だ」と言っているわけだが、その考えが正しいとすれば、そのような「特殊な」言語において「主語」が（ほとんど常に）表示されることや、そのような「特殊な」言語において一人称二人称の代名詞がそれぞれ1つしかないことが「論理的」であることの証明であるというのはあまりにも不可解だと言わざるを得ない。

　繰り返しになるが、主語が顕現しないことが「非論理的」なのではないという議論は成り立たない。同様に、主語が顕現することが「論理的」なのでもないことは明らかであろう。もしこの考えが正しいとすれば、世界中の言語で「論理的」なのは英語、フランス語などヨーロッパの言語だけになる（cf. 角田2009）が、アラビア語もサンスクリット語も数学その他の多くの知を生み出してきており、このような議論が妥当性を欠くものであることは明らかであろう（ちなみに、「主語の「強さ」」から言うと三輪氏が高く喧伝している漢語は「主語」が「非常に弱い」とのことである[11]（角田2009: 237））。

　要するに、世界中の多くの言語において、一人称二人称は顕現しないのが普通であり、日本語はこの点において決して特殊ではない。一人称二人称は顕現しなくても、述語の種類や形式から、誤解が生じる可能性はほとんどない。この間の事情は以下に引用する寺

---

[11] これに関連して、朱（1995: 120）は、中国語（漢語）では、「誤解を招くおそれさえなければ、主語は略して構わないことが多い。（中略）印欧語系の言語と比較した場合、中国語のこの特徴はたいへん際立っている」と述べている。つまり、この点で中国語（漢語）は日本語と基本的に同じなのである。

村(1978=1993: 228)が述べているとおりであると筆者も考える。

(15) 日本語自体のもっている特徴の一つに——これは「態」に関わる問題に限らず——「分かっていることはいわない」ということがある。話し手が話し相手に向かって、「今日何時ニ帰ル?」ときけば、「帰ル」動作の主体は相手であるのがふつうだ。英語ではそれを"What time are *you* coming home today?"と一々明示するが、<u>それは'you'をいわなければ誰が帰ってくるかが分からないからというわけのものでもないだろう。英語では'主語プラス動詞'というのが文の必須条件だからそういうにすぎない。</u>日本語では、二人の対話では、「私」「アナタ」は言わないことが多いが、分かっているからはぶく、というより、はぶきたいときにははぶけるような文の組立てとなっているからだというほうが正しいと思う。私はあるアメリカの大学のカフェテリアで列に並んでいたとき、しばし眼をつぶって聞こえてくる話し声にぼんやり耳を傾けていたことがあるが、圧倒的に多いと感じたのは'I'と'you'だった。統計的に話しことばを調べたわけではないが調べてもおそらくこの二語がかなり上位にあることは間違いないと思う。(下線筆者)

何が問題か

　以上見てきたことからわかるように、三輪氏の議論は言語学的には全くと言っていいほど妥当性を欠くものである。三輪氏がこのような「思い込み」を抱いた背景には英語(および一部のヨーロッパ言語)中心のものの見方があると思われる。しかし、こうした考え方こそ、三上章が批判したものである。例えば、次の三上のことば

を見られたい。

> (16) 主語（自縛的な主格）と述語が主述関係をなすのは、ヨオロッパ語の習慣的事実ではあるが、それ自身が論理的なのではないし、またそれが人類言語の普遍的な規範でもないことを十分理解されたいのである。（三上 1963: 175）

　三上の主語廃止論については、庵（2003）で詳述したのでそれを参照していただきたいが、三上の主語廃止論に対する最も重要な評価は、三上がその考え方を「日本語の事実に即して」導き出したということである。これに対して、三輪氏の主張は、自らの思い込みに依拠し、日本語の事実を無視し、さらには言語学における議論も理解していない乱暴なものである。三上が存命であれば、強く批判したにちがいないと思われる。

　ただし、以上述べてきたことはあくまで「日本語は非論理的な言語ではない」ということであって、冒頭でも述べたように、筆者は「日本人の言語行動は非論理的ではない」と主張しているわけではない。ただ、少なくとも、自らの言語行動を客観的にとらえられないことを棚に上げて、「僕／私が論理的に話したり書いたりできないのは日本語がそういうことに向かない言語だからだ」などという「言い訳」をすることには全く根拠がないということは示せたかと思う。

参考文献
庵　功雄（2003）『『象は鼻が長い』入門―日本語学の父三上章―』くろしお出版
庵　功雄（2012）『新しい日本語学入門（第2版）』スリーエーネットワーク
神尾昭雄（1990）『情報のなわばり理論』大修館書店

朱　徳熙（1995）『文法講義』（杉村博文・木村英樹訳）白帝社
田野村忠温（1990）『現代日本語の文法1 「のだ」の意味と用法』和泉書院
角田太作（1992, 2009²）『世界の言語と日本語（改訂版）』くろしお出版
寺村秀夫（1976=1993）「「ナル」表現と「スル」表現」寺村秀夫（1993）『寺村秀夫論文集Ⅱ』（くろしお出版）所収
寺村秀夫（1984）『日本語のシンタクスと意味Ⅱ』くろしお出版
三上　章（1963）『日本語の論理』くろしお出版
Benveniste, E.（1966）*Problèmes des linguistique générale*. Gallimard.（岸本通夫監訳『一般言語学の諸問題』みすず書房）
Grice, H.P.（1975）"Logic and conversation," in P. Cole and J. Morgan（eds.）*Syntax and Semantics* 3. Academic Press.

使用した言語ツール
UniDic 1.3.12、Mecab 0.98

derson
§4

研究の担い手としての大学院生

18　院生よ書を取れ

　言語学関係唯一の月刊誌『月刊言語』（大修館書店）が休刊となった（本項は『月刊言語』が休刊になったことを知った少し後に書いたものである）。学生時代から同誌を読み、そこに拙文を掲載してもらったこともある者として、無念の思いが強い。
　この『月刊言語』の休刊の最大の理由はおそらく売れ行き不振であろう。そして、今回この老舗雑誌の休刊という形で顕在化した問題の背景には言語学全体を覆う構造的な問題が潜んでいる。

問題は何か？

　その問題とは何か。それは院生が本を買わないことである。言語学という科学の中で弱小な分野において、このことは致命傷になりかねない問題を含んでいる。
　大学院に進学することの意味は筆者が学生だった頃と比べて若干変わってきている。具体的に言えば、修士課程（以下、修士）の意味づけは以前と比べかなり変わっている。社会人入学が一般化し、生涯学習ということが言われるようになったことで、修士は学部卒とあまり変わらないものになったと言えよう。
　このように、修士に進学することは研究者の道に進むこととはあまり相関性がなくなった。これは、言語学（以下では、筆者が直接カバーできる領域として、日本語学、日本語教育学で言語学を代表させて述べる）においても同様である。筆者は、修士の学生（特に修士で研究をやめて就職する学生）については特に苦言を呈そうとは思わない。問題は博士課程（以下、博士）に進学する学生であ

る。

　博士に進学することは極めて risky なことである。一歩間違えば、一生身を誤ることになる。その意味で、博士への進学には極めて慎重であるべきであるし、一定の「覚悟」がなければならないと考える（この点については別項「23　末路哀れは覚悟の前やで」を参照）。しかし、実際には博士進学者はかなりの数に上り、博士在学の人数は筆者の学生時代より確実に増えているはずである。にもかかわらず、研究書を刊行している出版業界は苦しんでいる。ここに学生の意識に潜む大きな問題がある。

博士（課程）に進むということ

　博士に進学するということは研究者を目指すということである。少なくとも、現在の日本のシステムの中では博士は「つぶしが利かない」[1]。そうだとすれば、博士に進学する人は何にも増して研究職に就くことを目指さなければならないはずである。

　研究職に就くためには何が必要か。まず、博士号をとる必要がある。これ自体難しい問題であるが、それ以上に本質的な問題がある。それは、博士の間に研究者としての「基礎体力」をつけるということである。

　研究職に就いた場合、博士論文で書いた内容を仕事の上で直接活かせるようなことは（まず）ない。博士論文を生成文法で書いた人が日本人学生相手に文章表現法を講じるといったことが当たり前になっている。つまり、「オールラウンドプレーヤー」になることが必要なのである。そして、そのために必要なのは、言語学に関する

---

[1] これに関して、以前親しくなったロシアの学生から、ロシアでは Ph.D をとっても一般企業に就職することが珍しくないという話を聞いた。一般論としては、日本でもこうしたことが実現することが望ましいと言えるが、現実にはそうなることは非常に難しいように思われる。

幅広い教養を身につけることである。

　筆者自身、大学院のときに身につけた知識をもとに数冊の著作をものにし（『『象は鼻が長い』入門』は例外）、論文を書いてきた。現在でも専門の論文を読む際にある程度速読が可能であるのが、院生時代に培ったスキーマによるところが大きいことを考えれば、広い意味では現在でも院生時代の貯金で食べているわけである。

　このように、博士在学期間はその後の研究者生活を決定づけるものである。このことの意味はいくら強調してもしすぎることはない。しかし、筆者は博士進学者の中にこのことに対する意識が希薄になっているのではないかという強い懸念を持っている。

院生よ書を取れ

　その懸念の最もはっきりとした根拠は彼／彼女たちが研究書を買わないという事実である。この行動は「合理的」であるように見えて実は非常に不可解である。

　この行動が「合理的」であるというのは、コピーできるものはコピーですませてその分お金を持っていた方がよいということである。確かに、ネット社会で、何でもただで手に入る社会で育った若者がそうした行動に走る気持ちはわからないではない。しかし、それは「近道」のようでいて、実は「遠回り」なのである。

　例えば、1冊4000円の研究書（200ページ）を全部コピーすることを考えてみよう。200ページであるから見開き100枚、1枚10円とすると1000円である。ここで、コピーをすることによって、3000円を「儲ける」ことができる。ただ、それは本当に「儲け」であるのだろうか。

　まず第一に、コピーをするには図書館に行き、本を借りなければならない。図書館に本がないという場合もあるであろう。また、コピーをするには時間がかかる。100枚コピーするには30分から1

時間はかかるであろう。さらに、コピーを製本する手間もある。こうした目に見えないコストがかかっているので、少なくとも3000円分儲けたとは言えない。さらに、読みたいと思ったときに、すぐに手にとって読むということができないというデメリットも大きい。

また、そうした目に見える形の他に、より大きなことがある。それは「自分で買った本は読む」ということである。自分で「身銭を切って」買った本は読むが、「ただで」（もちろん上述のようなコストはかかっているが）手に入れた本は読まなくなるのが人間というものの習性である（筆者自身、就職してから研究費で買った本には積ん読になっているものが多い）。これがコピーにかかる最も大きなコストである。

このように言うと、昔と今では事情が違うという反論があるかもしれない。例えば、社会情勢の変化である。デフレ不況下で、奨学金も減り、学費が大変だといったことはあるかもしれない。それは事実であるが、博士進学時にわかっていたことである。そうであるからこそ、そうしたコストを減らすためには、一日でも早く就職すべきであり、そのためには一日でも早く博士論文を提出すべきであろう。

つまり、一日でも早く博士論文を書き、一日でも早く就職するためには、可能なかぎり、本や論文を読むしかないのである。少なくとも、筆者の経験則で言うかぎり、就職をしているのは研究書を買っている人であって、コピーしている人ではないのである[2]。

現在、言語学関係のポストは減少の一途で、就職はいばらの道である。本や論文を読み、論文（博士論文を含む）を書くことは必要

---

[2] 同じことは学会などへの参加に関しても言える。お金がかかるから学会に参加しないというのは健全な姿勢ではないのではないか。学会で発表するのは院生が中心であり、ライバルの姿を自分の目で見ることは必要なことであろう。

条件であって、十分条件ではない。しかし、その努力をしない者に道が開けることはないこと、これは間違いのない事実である。

19　3年先の稽古

　相撲の世界に「3年先の稽古」ということばがある。目先の勝負にこだわらず将来を見据えて稽古をしろ、という意味である。目先の勝負はもちろん大事である。目先の勝負に負け続けたら「3年先」はない。それはそうであるが、将来、関取、さらには大関や横綱を目指すためには他のライバルより「1つ上のレベル」に達する必要がある。そのためには、時として「目先の勝負」を度外視する必要がある。相撲の場合、目先の勝負にこだわるというのは、立ち会いに変化をしたり、引いたり叩いたりして勝つということである。そういう相撲もたまには仕方がないかもしれないが、そうして「楽をして」勝つことを覚えると、正攻法の相撲が取れなくなる。「将来の大関候補」と言われる力士は結構いるが、なかなかその通りにならない理由はこのあたりにあることが多い。

研究者と「3年先の稽古」

　「3年先の稽古」というのは研究の世界にも当てはまるように思われる。なお、以下で主に対象とするのは博士課程（以下、博士）に進学しようと思っている人、および、現役の博士の学生である。また、議論を単純にするために、文法を研究対象とする場合に限定して話を進める。

　研究者になるということはその分野の「プロ」になることである。院生はまだプロではないと考える人がいるかもしれない。確かにまだ完全に一人前とは言えないかもしれない。しかし、「プロ」に近い存在である（べきだ）と筆者は考える。それは筆者自身が恩

師である仁田義雄先生から伺ったことばがあるからである。仁田先生が大学院のゼミでよく言われていたのは、「博士に入った以上、君たちはその分野の「専門家」だ。その分野では私より多くの知識を持っているし、また、そうでなければならない。私の仕事は君たちの研究の進め方を鳥瞰して、その進み方が間違っていないかを指摘することだけだ」ということである。博士の人はこういう意味で「プロ」であるし、また、そうでなければならない。

「プロ」の条件 —北の湖の12勝理論—

では、「プロ」の条件とは何か。2つあると筆者は考えている。1つはその分野に関して、広い知識を持っていること、もう1つは、常に一定の水準の仕事を残せることである。前者については後述することにして、後者について考えてみよう。例えば、プロの料理人とアマの料理人の違いは何か。必ずしも、プロの方がおいしい料理を作れるということではない。場合によってはアマの方がおいしいものを作れることがあるかもしれない。両者の最大の違いは、プロはいつでも同じ味を出せるのに対し、アマは味に出来不出来の差があるということである。これは北の湖という名横綱が言っていたことばであるが、横綱の責任は15日間出場し、常に12勝以上の勝ち星を挙げることであるということである。人間であるから、毎場所優勝することは不可能である。しかし、横綱である以上、常に12勝（勝率8割）を挙げること、そういう高いレベルを保つことが必要である、ということである。研究者の世界でも、常に一定水準の論文が書けることが「プロ」の条件であると筆者は考える。そして、博士の期間はそのために「充電」をする時間だと考えている。

基礎体力をつけよう

「プロ」の条件の2つ目は、(これが本題であるが) 広い知識を持つということである。文法研究に限定して話をすると、日本語学を専門とする以上、読んでおくべき「相場」というものがある。これは、「基本的文献」と言い換えてもいい。もちろん、筆者自身、そうした文献を全部精読しているわけではない。寺村＝仁田学派に属する者として、どうしてもその学派に近い文献を中心に読んできていることは否めない。こうした点で、金水敏氏の批判（金水1997）は甘んじて受けなければならない[1]。そのことは認めた上で、それでも自分なりに「視野」を広げようとしてきたという多少の自負はある。

筆者が「視野」を広げるということを特に意識するようになったのには安達太郎氏の影響がある。安達さんは筆者たち後輩に、いろいろな研究に関心を持つことの重要性をよく指摘してくださった。特に印象に残っているのは、博士課程1年（D1）のときには（修論から解放され、博論まである程度余裕があるので）自分の専門と関係ない分野のものを読めということである。筆者の場合で言えば、その時期に第二言語習得や生成文法の論文を読んだ記憶がある。

---

[1] 具体的には次の通りである。

> 今、日本語の文法研究において、（数の上で）主流を占めつつあるのは、寺村秀夫の影響を直接・間接に受けた研究者による現代日本語の記述文法である。（中略）そのような研究者たちを本稿の中で仮に「新記述派」と呼んでおこう。彼らの共有知識としては、寺村のほかに、三上章、南不二男、仁田義雄、益岡隆志、久野暲らの研究がある。（中略）ただし、三上にしても寺村にしても、伝統的な研究を十分消化した上でそれをいわばカッコにくくっていたわけであるが、若い研究者にはその部分が十分に伝わっていなかったかもしれない。（金水 1997: 123-124）

なお、この金水（1997）は日本語学（だけでなく、日本語の研究を目指す全て）の大学院生にとっての必読文献である。

視野を広げることがなぜ重要かと言えば、研究者を目指す以上、いずれそういうことを教える立場に立つことになるはずだからである。自分が博論で扱ったテーマが就職に結びつくことは今や稀であろう。まして、修論をや、である。そうである以上、今現に博士にいる人はもちろん、博士を目指す人もできるだけ、自分の知識の「間口」を広げる努力をする必要がある。

　さらに、これは一橋大学の院生に固有の問題かもしれないが、次のような問題もある。周知のように、一橋大学言語社会研究科第二部門には学部がない。もちろん、他大学で日本語学／日本語教育学の学部を出ている人もいるが、そうでない人もいる。一方、この分野の有力大学である、大阪大学、神戸大学、筑波大学、東北大学などには学部がある。学部で専門教育を受けているということは、例えば、寺村先生の『日本語のシンタクスと意味』や益岡隆志氏の『命題の文法』などは学部時代に読んでいるということである。博士に入って、文法の世界で学会誌論文を書くということはそういうライバルに伍してやっていく必要があるということである。つまり、そういうライバルに知識量で負けないようにするためには、人一倍の努力が必要であるということである[2]。そして、そういうライバルを倒して学会誌に論文を載せることができなければ博士論文を通すことができず、就職することもできないのである。

　繰り返しになるが、以上述べてきたことは、博士在籍者、および、博士進学を考えている人を念頭に置いたものである。修士で終わって就職する人にそこまでのことを求めようとは思っていない。修論という「目先の勝負」にどうしても目が行くのは理解できるし、ある意味で仕方がないことかもしれない。しかし、博士に入って研究者になるということを目標とするのであれば、「3年先の稽

---

[2] 我が畏友である森篤嗣氏は、日本語学ではない専門から大学院に入ったことから、「学部から上がってきた学生に負けないように」頑張ったと話している。

古」を自分に課す強さを身につけてほしいと願う。

参考文献

金水　敏（1997）「4 国文法」益岡隆志ほか『岩波講座言語の科学 5　文法』岩波書店

20 「根・鈍・運」
研究者に求められるもの

前項「19　3年先の稽古」において、研究者としてやっていくために必要な「基礎体力」作りについて述べた。ここでは、それに関連して、研究者に最も根本的に必要なことについて考えてみたい。

オリジナリティはどのようにして身につくか

分野によって、多少色合いは異なるかもしれないが、「研究」というものは何らかの意味で「オリジナリティ」を出すものであるといってよいであろう。確かに、レビュー論文のように、狭義のオリジナリティとは言えないものもないわけではないが[1]、通常は、それまでの研究でわかっていることだけを述べたのでは、(「レポート」とは言えても)「研究」とは言えないであろう。では、「オリジナリティ」はどうすれば身につくのだろうか。

日本国語大辞典によると、「まなぶ(学ぶ)」は「まねぶ」と同根であり、後者は「まね」に由来するという。このことに象徴されているように、「学ぶ」ことの基礎には「まねる」ことがあるのであ

---

[1] 筆者はレビュー論文がオリジナリティを持たないとは必ずしも考えない。優れたレビュー論文はそれ自体優れたオリジナリティを持っている。この意味で、管見のかぎりでの最も優れたレビュー論文は尾上(1984)であろう。その他、有田(1993)も貴重なものである。そして、忘れてはならないのが岩崎(1995)である。このページ数で、この大きな問題に関する優れた差配をつけた筆力は驚くべきものがある。この論文を読んだ後で、「ので」と「から」の問題を扱うことができると思う人は稀であろう。なお、オリジナリティがあるとは言えないかもしれないが、苦労して書いたという点で庵(2012)も挙げておきたい。

る。ピカソの初期の作品が極めて精緻なデッサンにもとづいていることからも、そうしたことが洋の東西、古今東西を問わないことがわかる。

オリジナリティについて

　ここで、再び「オリジナリティ」について考える。ここまで述べてきたように、どんな天才でも、はじめからオリジナリティを持っているわけではない。はじめは、みんな「まね」から始めるのである。

　日本語学の世界で「まね」に当たるのは先行研究を読むことである。ある一定量の先行研究を読むと、それがいい論文であれば、論文の方から論旨が自然に伝わってくるものである。論文を読むための最善の方法は論文を一定量読むことである。

　これは、論文を書く場合にも当てはまる。「論文の書き方」は、教えようと思えば教えられないことはない。しかし、全てを教えることはできない。論文を書くための最善の方法もまた、論文を数多く書くこと、そして、研究発表を数多く行うことなのである。

根・鈍・運

　では、もう少し具体的に話を進めよう。

　酒井（2006）は研究者に求められる資質を、「運・鈍・根」だと述べている。まず、これについての酒井邦嘉氏の説明を、寺田（1950）からの引用を含めて引用する。

（1）　「運」とは、幸運（チャンス）のことであり、最後の神頼みでもある。「人事を尽くして天命を待つ」と言われるように、あらゆる知恵を動員することで、逆に人の力の及ばない運の部分も見えてくるようになる。人事を尽くさずにボーッ

としているだけでは、チャンスを見送るのが関の山。運が運であると分かることも実力のうちなのだ。

次の「鈍」の方は、切れ味が悪くてどこか鈍いということである。最後の「根」は、もちろん根気のことだ。途中で投げ出さず、ねばり強く自分の納得がいくまで一つのことを続けていくことも、研究者にとって大切な才能である。論文を完成させるまでの数々の自分の苦労を思い出してみると、「最後まであきらめない」、という一言に尽きる。山の頂上をめざす登山や、ゴールをめざすマラソンと同じことである。
（酒井 2006）

(2) 　所謂頭のいい人は、云わば脚の早い旅人のようなものである。人より先きに人の未だ行かない処へ行き着くことも出来る代りに、途中の道傍或は一寸した脇道にある肝心なものを見落す恐れがある。頭の悪い人脚ののろい人がずっと後からおくれて来て訳もなく其の大事な宝物を拾って行く場合がある。（中略）

　頭のいい人は批評家に適するが行為の人にはなりにくい。凡ての行為には危険が伴うからである。怪我を恐れる人は大工にはなれない。失敗を怖がる人は科学者にはなれない。（中略）

　頭がよくて、そうして、自分を頭がいいと思い利口だと思う人は先生にはなれても科学者にはなれない。人間の頭の力の限界を自覚して大自然の前に愚な赤裸の自分を投出し、そうして唯々大自然の直接の教にのみ傾聴する覚悟があって、初めて科学者にはなれるのである。併しそれだけでは科学者にはなれない事も勿論である。矢張り観察と分析と推理の正確周到を必要とするのは云う迄もないことである。

  つまり、頭が悪いと同時に頭がよくなくてはならないのである。（寺田 1950）

　これについては、筆者もその通りだと思うが、順番を変えて、「根・鈍・運」とした方がいいのではないかと思うので、この順に述べることにする。
　まず、「根」だが、これは「根気」である。1つのことを続ける意志を持ち続けられること、これがない人は研究者には向かない。筆者自身の例で言うと、筆者は修論以来（実は卒論以来）、博論を出すまで、指示詞を研究テーマとした。それも、指示詞全般ではなく、指示詞の文脈指示用のコ系統とソ系統の使い分け、特に、「この」と「その」の使い分けということに集中して論文を書いた[2]。修論から博論までの約6年間、筆者は、テレビを見ているときも、本や新聞などを読んでいるときも、電車に乗っているときも、「この」が使われていたらそれを「その」に変えたり「ゼロ（φ[3]）」にしたりできるか、「その」が使われていたらそれを「この」に変えたり「ゼロ」にできるか、といったことをずっとやっていた。現在出版されている筆者の博論（庵 2007）にはそれほど大量の用例が載っているわけではないが、筆者自身はそれを出版するまでに1万に近い用例を見てきている。したがって、そこから得られた結論はそう簡単には揺るがないという自信を持っている。例えば、「言い換え」の文脈で「その」が使われている実例はその1万近い用例の中で5回は見ていない。

---

[2] 筆者が「この」と「その」の使い分けに関心を持つようになったのは、林四郎先生の論文（林 1972, 1983）に出会ったのがきっかけであった。その後、林（1973）を読み、その先進性に驚いたものであった。林（1973）の研究史上の価値については林（2013予定）所収の筆者による改題を参照されたい。

[3] φはそこに要素がないことを表す。

このように、愚直に用例を見ていると、あるとき不意にパズルが解ける瞬間が訪れる。筆者の場合で言えば、次の例を思いついたことが非常に重要であった。

(3) 彼は泳ぎが得意で国体に出たこともあるんです。|その／*この／*φ| 彼が溺れ死ぬなんて信じられません。

この例の他に、次の3例も重要であった。

(4) 私はコーヒーが好きだ。|この／*その／*φ| 飲物を飲むと疲れがとれる。

(5) 学会の会場で、先生がその |#本／著書| に目を通しておられた[4]。

(6) 太郎は先生に |本／??学術書| をほめられて、喜んだ。(cf. ok 太郎は先生に最近出した学術書をほめられて、喜んだ。)

やや極論すれば、筆者の博論はこの4例を見つけたことで書けたと言ってもよい[5]。しかし、この4例の背後には1年365日見続けた1万例が控えているのである。
　次に、「鈍」だが、これは多少失敗しても気にしない精神力を言う。博士課程の間は特に、投稿や口頭発表の申し込みをしては落とされるの繰り返しである。それにめげない精神力がないと、研究者

---

[4] 「その本」の # は、「その本」が「先生の本（＝先生の著書）」の意味では解釈できないということを表す。

[5] この4例が持つ意味について詳しくは庵（2007）のそれぞれ、第6章、第8章、第10章を参照されたい。

にはなれない。酒井氏が寺田寅彦の言として述べているように、頭がいい人は「先生」にはなれても「研究者」にはなれない。研究者になるためには、頭が悪くてはいけないが、頭がよすぎて、先が見えてしまう人も研究者にはなれないのである。

　最後の「運」だが、そうした努力を積み重ねていても、運をつかめないと、研究者にはなれない。「運」というのは、例えば、たまたま公募が出て、任期なしのポストに就くことができたといったことである。しかし、そうした「運」をつかむことができるのは、それまで努力をしてきた人に限られる。実際、そうした公募が出たときに、その時点で博士号を持っていなければ、ほとんどの場合、応募するための必要要件を満たせないのである。この点を最も的確に表しているのは「人事を尽くして天命を待つ」という古諺である。「どうすれば、オリジナリティが身につくか」という問に対する一般的な答えは存在しない。それこそが「学問に王道なし」という古諺の言うところである。

　このことを別の角度からの別と、次のようになる。「気づく」という動詞は仁田（1991）の言う「達成の命令」を作れないものである。つまり、「気づけ」と言われても「気づく」ことはできないのである。そこに、院生自身の苦しみがあり、指導する教員の難しさがある。しかし、「オリジナリティ」に近づく方法はある。それは、「根」と「鈍」を持ち続けることである。そして、そのことに誠実であった人には、多くの場合「運」がめぐってくる。これもまた多くの例が示すところである。

参考文献

有田節子（1993）「日本語条件文研究の変遷」益岡隆志編『日本語の条件表現』
　　くろしお出版
庵　功雄（2007）『日本語研究叢書21　日本語におけるテキストの結束性の

研究』くろしお出版
庵　功雄（2012）「「日本語」分野―「日本語」研究の再活性化に向けて―」『日本語教育』153
岩崎　卓（1995）「ノデとカラ」宮島達夫・仁田義雄編『日本語類義表現の文法（下）』くろしお出版
尾上圭介（1984）「昭和57・58年における国語学界の展望　文法（現代・理論）」『国語学』137
酒井邦嘉（2006）『科学者という仕事―独創性はどのように生まれるか』中央公論新社
寺田寅彦（1950）『寺田寅彦全集　文学篇第四巻―随筆四』岩波書店
仁田義雄（1991）「ヴォイスと自己制御性」仁田義雄編『日本語のヴォイスと他動性』くろしお出版
林　四郎（1972）「指示代名詞『この』『その』の働きとその前後関係」『電子計算機による国語研究Ⅳ』国立国語研究所
林　四郎（1973）『文の姿勢の研究』林　四郎（2013予定）として復刊（ひつじ書房）
林　四郎（1983）「代名詞が指すもの、その指し方」『朝倉日本語講座五 運用Ⅰ』朝倉書店

21　私案査読論文執筆法
「仮想敵」を持つことの重要性

本項は、筆者が初めて博士課程の入試に携わった2010年の博士課程入試が終わった直後に書いたものである。

　昨日と今日、博士課程（以下、博士）の入試の第二次試験（口頭試験）があった。私にとって人生初の経験であり、いろいろ学ぶことが多かった。

　博士の入試であるから、受験者の修士論文（修論）を読んだ上で面接と外国語の試験を行うわけである（ちなみに、筆者は博士に進んだ際、内部進学であったが、外国語の試験を受けたという記憶はない。その点では今の学生さんの方が大変だとは言えそうである）。

　修論は（博士に進む人にとっては）最初の登竜門である。事実上、その人が初めて書く本格的な論文であるから、「ぎこちなさ」があるのはやむを得ないし、むしろ好ましいものでもある。ただ、今回読んだ論文の大部分を通じて感じるのは「視野が狭い」ということである（中にはそう感じさせない論文もあったことを付記する）。言い換えると、自分の扱っている分野のものしか読んでいないと感じさせるものが多かった（中にはその基準すら満たしていないものもあったが、これは論外である）。

大阪大学文学研究科日本学言語系現代日本語学講座

　ここで筆者の経験を語ることを許していただきたい。筆者は1991年に修士課程（以下、修士）に入り、93年に博士に進学した。

修士入学当時の筆者の所属は大阪大学文学研究科日本学言語系現代日本語学講座である（博士進学当時も同様）。当時は小講座制で、現代日本語学専攻（現日）、日本語教育学講座（日教）、社会言語学講座（社言）の3講座に分かれており、筆者は主に現日と日教のゼミに出席していた。

当時の現日のゼミ（修士、博士共通）は宮島達夫先生と仁田義雄先生が指導教官であった。在籍者の一部の名前を列記すると、野田春美、鄭相哲、安達太郎、前田直子、高梨信乃、三宅知宏、岩崎卓、日高水穂、山田敏弘、張麟声の各氏の名前が挙げられる（この全員が全く同時期にゼミに参加していたわけではないが）。これらの名前から、このゼミが現在の現代日本語の文法研究の1つの流れを形成していることが見て取れよう[1]。

このゼミは今から見ると、かなり厳しいものであった。今のゼミでは、発表者が一通りレジメの内容を発表してから質疑に入るのが通例であるが、このゼミでは、発表者が口を開くやいなや質問が入り、10枚レジメを用意しても2、3枚しか終わらないというのが通例であった。その質問の仕方も発表内容を「つぶす」ことを辞さないものであった。

こうしたゼミであるから、発表者には強いプレッシャーがかかる。筆者自身、修士の2年間で3回発表したが、ことごとく「撃沈」した[2]。筆者がこの業界で今やっていけているのは、現日での修

---

[1] この当時の現日のゼミの活動の記録的側面として存在するのが宮島・仁田編『日本語類義表現の文法（上、下）』（くろしお出版）であり、この当時のゼミのメンバーを中心に書かれたのが日本語記述文法研究会編『現代日本語文法1〜7』（通称 Nicky。くろしお出版）である。

[2] やや余談になるが、筆者がゼミで「低空飛行」を続けていたときに颯爽とゼミで活躍していたのが、今は亡き岩崎卓君である。岩崎君は事実上、M1の最初の発表（M1の発表は1回だけ）のときに修論の主要な部分を書き上げていたし、ゼミの中でその内容は受け入れられていた（実際、岩崎君の修論の一部は『国語学』に掲載されてい

士2年（M2）の2回目の発表がうまくいかなかったすぐ後に行われた日教のゼミ（10月半ば）で、安達さんや渋谷（勝己）さんからいただいたコメントのおかげである。

「仮想敵」を持つ

さて、このように、筆者は修論を書くのにかなり苦労をしたわけだが、その中で論文の書き方を自分なりに習得したように思う。それを一言で言うなら、「仮想敵を持つ」ということである。

上述のように、現日のゼミではさまざまな方向から質問が飛んでくる。それをその場ではね返すのはなかなか難しい。そのため、筆者は想定される質問を事前に考え、その質問を「仮想敵」と見なして、それに対する対処法をいろいろ考えた[3]。当時は指導教官に論文の内容を相談するということはなかったので[4]、この方法は有効だったように思う[5]。

現在はゼミのありようも、学生と指導教員の関係も大きく変わっている。しかし、この方法は今でも有効なのではないかと考えている。論文を書くということは自分が考えていることをいかに読者に伝えるかということである。読者はさまざまであり、さまざまな関

る）。30歳で亡くなった天才言語学者原田信一氏と同時代を過ごした人が原田さんに対して抱いたのではないかと思われるあこがれを、筆者は岩崎君に対して抱いていた。岩崎君の早逝が返す返す残念である。

[3] こうした際、具体的にどの人がどういう点に反応するかということを想像しながら考えるとよい。現日の例で言えば、「モダリティ」ということばを使ったら安達、鄭、三宅といった人が、「複文」と言ったら前田、高梨といった人が反応するだろうといったことである。

[4] 私自身、ゼミ以外の場で、博士論文の内容について、指導教官である仁田先生とお話をさせていただいたのは博士を終わってからの2回だけである。しかし、その2回のことは今でもはっきりと覚えている。

[5] この方法の「副産物」（「副作用」？）は注が多くなることである。

心を持って論文を読む。したがって、できるだけ多くの読者を想定しながら論を進める必要がある。自分の中に「仮想敵」を作るのが難しければ、ゼミの仲間などに議論の相手になってもらうのがいいであろう。しかし、筆者が見るかぎり、院生の間でそういう議論が戦わされている度合いが、筆者の学生当時に比べてかなり少ないという印象がある。

　また、「仮想敵」を作るためには文献を読むことが必要である。何しろ、敵はいろいろなところから球を投げてくるから、ストライクゾーンはできるだけ広くしておく必要がある。そのために必要なのは読書である。特に、博士の学生はできるかぎりの時間を読書に費やしてほしい。読書の重要性については別項「18　院生よ書を取れ」に記したのであわせて参照していただきたい。そこでの結論の繰り返しになるが、本を読まない人には研究者の道は決して開かれないのである。

22 査読とは何か
「育てる査読」の重要性

　大学院生にとって、学会誌に論文が採用されるかどうかは博士論文を提出する上で極めて重要なステップである。前項では、投稿者として留意すべき点について述べたが、仮に投稿者が最善を尽くしても、査読する側に問題があってはその努力が報われないことになる。

　特に、筆者が10年以上、査読に携わってきている日本語教育学会の学会誌『日本語教育』では、近年採択率が極めて低い状態が続いている（別項「5　日本語教育奨励賞受賞スピーチ」参照）。ここではこの点についての私見を述べ、「育てる査読」の重要性について考えたい。なお、本項の大部分は庵（2012）にもとづいている。

査読者に対する期待

　最近、雑誌『日本語教育』に対する不満があちこちで聞かれている。その背景にはいろいろな問題が存在すると考えられるが、そのうちのいくつかをここで述べたいと思う。

　第一の問題点は、採択率の（異常な）低さである。直近の号である『日本語教育』151号について言えば、投稿数46本に対して採択数2本、採択率は実に4.3％（！！）である。これは一般の学術雑誌の基準をも大きく下回っていると考えられる。しかも、この間の査読には94名の査読者（学会誌委員＋査読協力者）が関わっている（151号の奥付の記載による）。94名の査読者が46本の論文を読んで2本しか掲載されないというのは率直に言って「異常」である。

　では、なぜこれほどまでに採択率が低いのか。そこには「査読」

ということに関する考え方(理念)が統一されていないという問題点があるように思われる。ここに、日本語文法学会の学会誌『日本語文法』が公表している「査読要領」の一節を引用する。

(1) 査読方針
原稿に対する責任は執筆者が負うものであり、原稿の評価は読者が行うものだということを念頭に置き、査読者の考えを押しつけたり、過度のアドバイスを行わないようにご注意ください。<u>査読者にとっては従いがたい論であっても、論として成り立っていれば、評価してください</u>。(『日本語文法』12-1: 167-168。下線筆者)

この規定は日本語文法学会の設立準備段階において野田尚史氏が実質的に一人で作成されたものである(野田氏(個人談)のご教示による)。特に、この下線部の文言は当時としては極めて画期的なものであった。そして、これは現在でもその価値を全く失っていない。この文言で言われているような規定は理系の学会誌ではごく一般的に前提とされているもののようであるが、文系の学会誌ではなかなか守られていない[1]。

---

[1] この点に関して、森篤嗣氏から言語処理学会の査読要領の存在をご教示いただいた(http://www.anlp.jp/guide/sadoku.html)。この要領はここで述べた考え方をより進めたものと言えよう。

論文査読倫理綱領
論文査読の公平性、迅速性、レベルは学会の評価に直接つながるものであるから、以下のことを常に念頭におき、論文の査読、判定をしなければならない。
論文の主張する内容が査読者の立場考え方と相入れない場合でも、その前提、データ等から妥当に帰結できるものであると認められる場合は、それを是認すること。
査読者自身が自分が全知でないことをよく自覚し、「疑わしきは罰せず」の立場で論文をよむこと。

上の文言にあるように、「原稿の評価は読者が行うもの」だということを前提に査読をすべきである。それに加えて言うならば、「育てる査読」ということを念頭に査読をすべきであると筆者は考える。学会誌というのは、その研究分野の研究の歴史を次世代に伝えていくという使命を負っている。投稿者の多くは、大学院生であり、その論の中に近視眼的な部分が含まれているのはやむを得ないところである。問題は、そうした「穴」を含んだ原稿を前にしたときに、査読者がその論文をどのように読むかということである。もちろん、機械的に減点法で読むことはできる。ある意味で簡単である。しかし、それでいいのだろうか。もし、査読者が全てそうした減点法で査読をしたらどうなるか。そうした査読を経た段階で、その論文は「穴はないが、面白くない」ものになる可能性が極めて高い。なぜなら、投稿者の方が「穴」を作ることを避け、challenging な内容を書くことに対して自己規制するからである。そうした結果、「理論のためには役に立つ（かもしれない）が、現場の役には立たない」論文が再生産される危険性が高まる[2]。

　そうではなく、学会全体で新しい研究（者）の卵を育てていくという態度で査読をすべきではなかろうか。予め断っておくと、これは何も救いようのない論文まで通せと言っているわけではない。そ

　　論文に対してコメントするときは、その論文がコメントによって良くなり、著者がより良い研究者となって行ってくれることを念じて行うという態度を忘れないようにすること。（中略）

　　論文の査読は迅速に行うのが査読者の責任であると認識すべきである。一日も早く博士号を取得し一人前の研究者の仲間入りをしたいと思って日夜研究を行い論文を投稿してくる人も多いのである。この学会の設立は自然言語処理の研究者人口をふやし、この分野を大きく育ててゆくことに一つの目的があるのだということを忘れずに、迅速に公正に査読することがその目的のために貢献していることになると認識して、査読作業を行うことが必要だろう。

[2] 実際には、真に理論的に意味のある記述は、現場の役にも立つことも多い。

うではなく、「穴はあるが発展の伸びしろがある研究は通す」という基準を立てるべきであるということである[3]。

　例えば、対照研究の成果を踏まえて、ある文法項目の（その対照研究の対象となる言語の話者に対する）教授法を提案した論文があるとする。確かに、「研究論文」であれば、その言語の話者に対する簡単な教授実験ぐらいは含まれていた方がよいであろう。しかし、そうした実験を複数の言語の話者に対して行うことを求めたり、実験の対象となる人数が統計的に有意な数でないといけないということを（あまりに強く）求めたりするのはどうであろうか。投稿者が大学院生の場合、そうした実験のフィールドを持つことは難しいし、ましてや、ある特定の言語の、ある一定の日本語能力のレベル（対比するなら、複数のレベルが必要）の話者を一定数以上集めるとなると、これは相当にハードルが高くなる。しかも、そうした条件を課せば課すほど、日本国内の、それも学習者人口が多い都市部の在住者しかデータが取れない、といった格差が生じる可能性が高まるという問題もある。

　このような場合、もとの対照研究の成果が興味深いものであれば、それはそれで論文として採用していくべきであろう。その内容を実験などを通して検証することは、その本人が別の機会に、または、その論文を読んだ第三者が行えばいいことである。これはある意味で、理論物理学と実験物理学の関係に似ているかもしれない。湯川秀樹氏は中間子の存在を理論的に予言したが、中間子を発見したわけではない。しかし、湯川氏はノーベル賞を受賞したわけであり、理論的にあることを述べることと、そのことが実証されること

---

[3] ちなみに、学習院大学の前田直子氏と筆者が中心となって運営している日本語／日本語教育研究会の研究会誌である『日本語／日本語教育研究』では、この「穴はあるが発展の伸びしろのある研究は通す」ということを第一義的な採択基準として査読を行っている。

は別ということは十分にありうることである。そして、このことは『日本語教育』の対象である「日本語」についても当てはまることではないかと考えられる。

　もう1つ懸念されることに、査読の基準が統一されていないのではないかということがある。例えば、現行の査読要領では、「再投稿」というのは概略、「査読者のコメントにしたがって修正した場合、次号において採用となる可能性が極めて高いもの」とされている。そして、毎号、「再投稿」となる論文が一定数存在しているのは事実である。仮に、これらの論文の大多数が（査読要領にある通りに）その次の号で採用されれば、採択率は少なく見積もっても20%台になるはずであり、そうなれば、他の学会誌と同等の採択率となり、学会員の不満は解消されるはず（であり、されるべき）である。

　大学院生や日本語教師、ボランティアの方の考えをアカデミックな場で取り上げていくことは「日本語教育学会」の重要な責務であると考える。そのためには、現状のような査読のあり方を改め、今一度、査読担当者一同が（1）で挙げた査読の心得を共有していくことが必要であろう。そうでなければ、『日本語教育』はいろいろな点においてその支柱を失うことにもなりかねない（別項「5　日本語教育奨励賞受賞スピーチ」参照）[4]。

電子ジャーナル化

　その他に考えるべきこととして、電子ジャーナル化がある。これ

---

[4] 例えば、現状のような極端に低い採択率が続いたらどうなるか。博士論文提出のための要件として、学会誌論文を求めている多くの大学院生は『日本語教育』に見切りをつけて、他の学会に移って行くであろう。そうなったらどうなるか。本学会は、財政的に大きなダメージを受けるだけでなく、研究を伝えていくべき受け手である大学院生を失うことによって、研究の継承性ということも大きく損なわれるおそれが高まるのである。

は先に行われた本田・岩田・義永・渡部（2012）の会場でフロアの聴衆から数多く寄せられた要望であるが、特に海外の会員の場合、紙媒体の雑誌というのはさまざまな不便さがあるようである。そういう点で、『日本語教育』が電子メールでの投稿を受け付けるようになったことは喜ばしい。少なくとも、投稿時における「内外格差」はこれによって大幅に改善されると思われる。さらに、電子ジャーナルについて言えば、『日本語／日本語教育研究』（日本語／日本語教育研究会）では、海外会員を主な対象として、同誌の電子書籍版を同誌と同時に発行しており、海外会員は必要に応じてこの電子書籍版を購入することができる（海外会員は会費は無料だが、雑誌の送付は受けられない。ただし、大会での発表、研究会誌への投稿の権利は認められる）。さらに、同誌の発行から1年半後には全ての論文をインターネット上に公開することとしている[5]。

　ここで述べたような方策はそれほどコストをかけることなく、実現可能なものばかりである。研究の内外格差をなくし、本誌を真にグローバルに開かれたものとするために、関係各位の英断を望むものである[6]。

参考文献

庵　功雄（2012）「「日本語」分野─「日本語」研究の再活性化に向けて─」『日本語教育』153

本田弘之・岩田一成・義永光央子・渡部倫子（2012）「日本語教育研究の現状─学会誌『日本語教育』の分析から─」『2012年度日本語教育学会秋季大会予稿集』

---

[5] 本項執筆時点（2012年7月）では、同誌創刊号がインターネット上に公開されている。

[6] 本項を一度執筆した後、『日本語教育』の査読要項が大きく変更されたことを知った。これは、前編集委員長の山内博之氏の強いイニシアチブのもとに行われたものである。これにより、同誌の採択率は早晩、他の言語系の学会誌と同等の水準に高まるであろう。山内氏の大英断に心から賞賛を送りたい。

23 末路哀れは覚悟の前やで

　私が敬愛する落語家は桂米朝師である（以下、敬称略）。
　米朝は上方落語四天王の一人として、滅亡の危機にあった上方落語を戦後復興した功労者であり、人間国宝に選ばれ、落語家として初めて文化勲章を受章した。

「末路哀れは覚悟の前やで」―「芸人」の心意気―

　米朝落語論については別の機会に譲るとして、ここでは米朝がその師匠桂米団治[1]の言として伝えていることばを紹介したい。
　そのことばとは「末路哀れは覚悟の前やで（人生の最後が哀れなものになるのは覚悟の上だよ）」というものである。米朝が名著『落語と私』の最後にそのことばを引用しているので、ここに全文を引用する（p. 216）。

> 芸人は、米一粒、釘一本もよう作らんくせに、酒が良えの悪いのと言うて、好きな芸をやって一生を送るもんやさかいに（筆者注：ものだから）、むさぼってはいかん。ねうちは世間が決めてくれる。ただ一生懸命に芸をみがく以外に、世間へお返しの途はない。また、芸人になった以上、末路哀れは覚悟の前やで

　ここには、芸人[2]たる者の心構えと心意気が見事に述べられてい

---

[1] 現在は米朝の長男（もと小米朝）が米団治を継いでいるが、本項では米朝の師匠の米団治のことを指して「米団治」という語を用いる。

[2] 近年は「芸人」という語を避けて「芸能人」という語を使うことが多い。しかし、

る。

　よく、売れない芸人を「かわいそう」と言う人がいる。しかし、それは間違いである。芸人にとって、「かわいそう」なのは、自分がやりたい芸ができなくなったとき（例えば、病気でろれつが回らなくなったとき）であって、売れないことは「かわいそう」なことではない。なぜなら、売れない芸人は自分がやりたいことをやれているからである。

　私は米団治という人を直接は全く知らないが、米朝の著書などを見ると、米団治は稀代の天才初代桂春団治の影に隠れて、必ずしも売れたとは言えなかったようである。しかし、落語やそれを取り巻く諸事に関する研究にかけては右に出る者はいなかったようである[3]。

　私なりに米団治の上記のことばを解釈すると、次のようになる。

　芸人にとっての最も重要な素養は「芸が好きであること」である。芸のことを考えていられればそれだけで楽しい、食べるものを食べなくてもかまわない[4]、そういう人間だけが芸人になるべきだということである。もちろん、人間であるから、売れるようになって金が入れば、「酒が良えの悪いの」と言い出すわけだが、そんな中でも、芸のことを考えることが基盤にあるのが芸人であって、金や酒のことが先にある人間は真の芸人ではない。

　何より、売れないからといって「俺／あたしはかわいそうだ」な

「芸能人」さらには「タレント」と呼ばれるほど、その人に talent が感じられなくなる気がする。

[3] 米団治のこうした足跡は米朝編集の『四世桂米團治寄席随筆』（岩波書店）に詳しい。

[4] 戦後の食糧難の時代に、若き日の米朝が、食べるものはリンゴだけといった生活の中で、（松鶴（六代目）、春団治（三代目）、文枝（五代目）という後に「上方落語四天王」と呼ばれた人たちとともに）上方落語の復興のために尽力したことはよく知られている。

どと思う人間は絶対に芸人になってはいけない。芸人の値打ちは「世間が決めてくれる」のであって、芸人にとってはそれは二の次のことであり、彼／彼女にとって最も重要なのは、芸のことを考えること、芸の工夫を繰り返すことである。そういうことをしていると、時間が経つのも、空腹も忘れるという人間だけが芸人になるべきなのである。

学者と芸人　その１―共通すること―

　翻って、研究者（学者）という存在に引きつけて上記の米団治のことばを考えると、研究者と芸人の間に本質的な差はないと筆者は考える。

　研究者というのも（芸人同様）「やくざな」職業である。大体において、毎朝６時に起きて、満員電車に揺られて出社し、夜遅くまで残業して、また翌朝６時に起きて……という生活ができない人間が研究者になるのではないか。研究者がこうした「やくざな」仕事であることを最も如実に表しているのが、「裁量勤務制」である。この制度は究極のフレックスタイム制と言えるものだが、「堅気の」世界ではまず絶対に認められない勤務形態である。この一事だけをとっても、研究者は「やくざな」仕事だと言えると思われるのである。

　では、なぜ、研究者という仕事はその存在を社会から許されているのであろうか。それは、研究者が社会のさまざまな問題を一般の（「堅気の」）人に代わって「考える」という役割を担っているからではないだろうか。ドイツ語で思想家のことを"Denker"(lit. thinker) と言うが、この Denker としての役割を担うことが研究者がその存在を認められる（唯一かどうかはわからないが）最大の根拠であろう。

　そうだとすれば、研究者たる者の最大の資格は、「研究のことを

考え続けられること」である。研究のことを考えていると、時間が経つのも、空腹も忘れるという人間だけが研究者を目指すべきなのである。

学者と芸人　その2―（少し）異なること―

ここまでは、芸人と研究者の共通点を述べてきた。両者の間には共通点が非常に多いが、若干異なる点もある。次にこの点について述べる。

芸人と研究者が（少し）異なる第一の点は、芸人は自分で自分を「売れる」ようにすることはできない（少なくとも、非常に難しい）が、研究者にはそれが可能であるということである。芸人はいくら修行をして、芸がうまくても、時流に合わず、売れずに終わることもある（多い）。まさに、「芸のねうちは世間が決め」るのである[5]。

一方、研究者は真面目に研究をし、その成果を真面目に発表して業績を積み重ねれば、就職につながる可能性は芸人に比べればずっと高い。しかし、言うまでもなく、業績がある人が必ずしも全て就職できるわけではないのもまた事実である。

研究者と結果責任

研究者が芸人と異なるもう1つの点は、研究者は自分の研究に対して責任を取らなければならないということである。例えば、核兵器廃絶を訴えたラッセル＝アインシュタイン宣言（1955）などは科学者の良心の発露であると見なせる。また、近年の問題で言えば、その国の経済政策を立案した経済学者は、その政策が破綻した際には、全ての公職から退くべきであろう。それをしないことは、

---

[5] この点では、芸人は芸術家とよく似ていると言えるかもしれない。例えば、現在、ゴッホの名を知らない人は世界中にもほとんどいないであろうが、ゴッホの生前に売れた彼の絵は1枚だけだったという。

ちょうど、太平洋戦争の前後で、敗戦までは「鬼畜米英」を唱え、軍国主義を子どもたちに鼓吹していた教師たち(そして、その教えを受けた子どもたちの多くが「学徒出陣」などの形で戦場の露と消えていった)が、戦争が終わるやいなや、墨で塗りつぶされた教科書を手に、「民主主義万歳」を子どもたちに説いたのと同様のモラルハザードを生み出すことになる。しかし、少なくとも日本では研究者がそのような形で「引責」したということはとんと耳にしない。

再び「末路哀れは」

繰り返しになるが、研究者の仕事というのは「やくざな」ものである。ある意味で、芸人と同じく、「あってもなくてもいい」ものなのである[6]。私の専門である文法について言えば、日本語の文法の研究などというものはあってもなくても人々の生活に関わりはな

---

[6] このことに関して、私の心に深く残っている1節がある。それは、菊地(1997)に引用された川上秦氏のことばである。菊地氏はまず、次のように述べる。

> 学者が近所の人に仕事を問われて「私は××学を勉強させていただいております。」と言うのは、どうだろう。これも["恩恵/許しを得てそうする" とは全く捉えられない場合]と見られよう。実際、アンケートの結果も、○7、×93であった。

その後に川上氏のことばが続くのである。

> だが、「「私は国語学を勉強させていただいております。」と言いたくなる(略)。それは、「国語学などというものは、多くの人命を救うとか、社会に多大の使益をもたらすとかいったような、直接的に有用なものでは決してない。にも拘わらず、自分の好きなその学問をこととして安穏に日々が送れるのは、いわゆる世間様、お天道様のおかげです」という気持からである。」という学界の大先輩の文に接すると、なるほどと思われるものがある。恩恵の表現が拡張して使われるようになるのは、本来、まさにこういう発想からなのであろう(そして、こういう気持ちで使う以上は、この場合も謙譲語A(筆者注:狭義の謙譲語)の用法だといえよう)。

い。私がこれまで書いた拙論の中で代表作だと思っている論文は助詞「は」と「が」の使い分けのルールの一側面を明らかにしたものだが、今パンもなく飢えている人を前にして、私の仕事は「は」と「が」の違いを明らかにすることです、と胸を張って言える自信は私には、ない。そういう意味で、私は自分がやっている仕事と芸人の仕事に差はないと思っている。

そうである以上、研究者の仕事においても「末路哀れ」は当てはまるのである。このことは具体的には、博士課程（以下、博士）に進学するかどうかの時点に当てはまる。別項「18　院生よ書を取れ」で述べたように、博士に進学するかどうかの選択は一生を賭けるほど大きなものである。そこで、博士に進学すること（すなわち、研究者として生きること）を選択したからには、「末路哀れ」を覚悟しなければならない[7]。

もちろん、これは心構えのことを言っているのであって、実際に研究者が皆「末路哀れ」になることが望ましいわけではない。現在、大学当局によって行われている、人文科学系のポストの削減には正面から反対していく必要がある。しかし、研究者というある意味「やくざな」世界に身を投じた以上、そのことから生じるつらさに耐える必要はある。そして、研究者の道を目指す以上、特に院生時代には時間的にも金銭的にも自分自身に最大限の投資をすべきであると考える[8]。

私は院生から博士進学を相談された場合、次のように答えること

---

[7] この点について考えるに当たって、博士進学を考えている人には創作童話「博士が100人いるむら」（http://www.geocities.jp/dondokodon41412002/index.html）を読まれることを強くお薦めする（このサイトの存在を教えてくださった森篤嗣氏に感謝いたします）。

[8] しかし、現実には博士の院生の間にこのことの自覚が欠如しているように見られる。このことについては別項「18　院生よ書を取れ」で詳論したので、参照されたい。

にしている。「あなたは研究が好きですか。研究のことだけ考えて生活することができますか。もしできるなら、頑張って博士に進学してください」

「好きこそものの上手なれ」「末路哀れは覚悟の前やで」私はいつもこのことばを肝に銘じて研究生活を送っている。

参考文献

桂米朝（1986）『落語と私』文春文庫

菊地康人(1997)「変わりゆく「させていただく」」『『言語』コレクション第2巻』大修館書店、に再録

付　記

「民は信なくんば立たず」―石橋湛山の出処進退―

　本項で言及したモラルハザードの問題と比較して、どうしても触れておきたいのが石橋湛山の行動である。湛山は第55代首相に選ばれるや、全国を精力的に遊説しその人気は国民的なものであったという。しかし、湛山は病に倒れ、2か月の安静を要すると告げられた（1957年）。その時、側近たちは湛山に、首相代理を立て、病が癒えた後に公務に復帰すればよいと進言したが、湛山はそれを認めず、首相辞任、内閣総辞職を1人で決めたという。当時の主治医である日野原重明氏の言によれば、「勇気のうちに退」いたのである（NHK「その時歴史が動いた　冷戦を破ろうとした男石橋湛山」2007. 7. 9放送）。湛山がそのような行動を取ったのは、自身の言に忠実であろうとしたためであった。湛山は、1931年に東京駅でピストルで撃たれて瀕死の重傷を負った浜口雄幸首相が、回復が不可能であることが明白であるにもかかわらず、自らその職を去らなかった際に、『東洋経済新報』の社説において次のように書いている（半藤 2001: 18-22)。

　（前略）浜口氏の遭難は同情に堪えぬが、氏の我が国を無道、無議会に

陥れた罪悪に至っては、死後なお鞭たるべき罪悪といわねばなるまい。（中略）もしやむことを得なければ食を撤せよ、民に信なくんば立たず、と古聖はいわれた。信義は死よりも重し、これを今日に翻訳すれば、言行一致し得ぬ場合にはその職を去るべし、これがいわゆる食をすてるに当たると思う。いやしくもかくのごとくせざれば、どうして綱紀の支持ができよう、どこに道義の堅守があろう。

　湛山の人となりについては半藤一利（2001）『戦う石橋湛山』（東洋経済新報社）他を参照していただきたい。そして、湛山の言説を石橋湛山（1984）『石橋湛山評論集』（岩波文庫）によって見ていただきたい。中でも、「大日本主義の幻想」は、これからの日本の進路を考える上でも是非とも読んでいただきたい。

24 10億円の使い方
日中の恒久的平和構築の礎として

　去る2013年6月7日、「北京日本学研究センター修士課程・博士課程合同レセプション」に参加した。

　「北京日本学研究センター」は、大平正芳元首相の時に設立された「大平学校」を継承したもので、これまでの30年以上の歴史において1000人以上の卒業生を輩出し、中国における日本研究のまさに中心として機能してきている（徐一平氏のスピーチによる）。

　同センターは日本語研究においても、徐一平氏、曹大峰氏、張麟声氏など、日中両国における研究の第一人者を育ててきている。

　ここでは、このレセプションに関連して筆者の思うところを述べてみたい。

中国人留学生と日本

　よく知られているように、清朝末期以降多くの中国人留学生が日本で学び、帰国後、中国の近代化に貢献してきた。孫文や魯迅もそうした人たちの中にいる。時代が下って現在、このレセプションに参加している学生（その中には2012年に集中講義で同センターを訪れた際に、筆者が指導した人たちも含まれる）たちが日本語で歓談しているのを聞いていると、その日本語能力の高さに改めて感心する。

　2012月に同センターを訪れた際にセンターの日本側スタッフの方がおっしゃっていたように、このセンターの投資効果は極めて高い。卒業生の多くは、中国でアカデミックなポストに就き、中日親善の

最前線で活躍している。そのセンターの維持費として使われている金額は、日本の国家予算の規模からすれば、微々たるものである。

中国への留学生の不在

翻って、日本国内の状況はどうか。日本国内に、(同センターの学生たちと同年代の) 20代から30代前半で、同センターの中国人学生の日本語運用能力に匹敵する中国語の運用能力を持ち、現代中国事情に通じている日本人研究者（および、その卵）は何人いるだろうか。おそらく、中国側の10分の1もいないだろう。もしかすると、100分の1かもしれない。

近年、尖閣諸島の領有権をめぐる問題などで、日中両国の関係は冷え切っている。そして、その出口はなかなか見えない。そうした停滞状況が続いている理由はいくつも考えられるが、その大きなものの1つは、日本国内における「中国通」の研究者の決定的な不足である。その背景には、留学先として中国を選ぼうとしない大学（院）生の問題もあるが、国として、中国研究を戦略的に行ってきていない政府の無策も大きい。

今もし、北京で、今日のパーティーに対応するものである「東京中国学研究センター歓迎レセプション」が開かれる状況であったなら、すなわち、日本国内で中国研究を行っている修士・博士の院生が、その成果を挙げるために中国に留学して中国各地の大学で研究し、その成果を報告するために北京に集まってレセプションが行われるということが当たり前に行われる状況であったなら、日中関係はここまで冷え込んではいないであろうし、今後にも大いに希望が持てるはずである。

対立（けんか）を恐れず、主張できる若手研究者を育てる

なぜ中国研究のスペシャリストを養成することが必要なのか。そ

れは、そうした人材を通してのみ、日本は中国と「大人の関係」を結べるようになると考えられるからである。

「大人の関係」とは、対立を恐れず、時にはけんかをすることも恐れずに、率直に自分の立場を相手に説明し、相手を説得することである。

例えば、靖国問題にせよ、いわゆる南京大虐殺にせよ、もし、中国側の反応がおかしいと思うのなら、特に政治家は、中国に行き、中国の学生やメディアの中で、堂々と自らの主張を展開すべきである。その過程で自らの主張に対する反論を受けたとしても、それでも、自分の考えが歴史学的に考えて正しいと信じるなら、その人に対して、説得できるだけの論理を展開すべきである。

そうした行動を政治家自身が行えば、中国の人々もその政治家を信用するであろう。仮に、その人の主張に賛成できないとしても、である。

そして、そうした政治家をはじめとする国際的な人材を育てるためにも、まずはその政策上のブレーンとして、中国語で中国人と議論できる若手の研究者を育てなければダメである。中国語が堪能で、中国の事情に精通し、それでありながら、日中の関係については（さまざま分野の学問の裏付けを持って）自分自身の考えを中国語で堂々と述べることができる研究者を相当数養成しなければ、これからの日中関係は決して改善しないであろう。

10億円の使い方 ―日中の恒久的平和共存関係構築の礎として―

では、そうした研究者を養成するのにどれぐらいの費用が必要なのだろうか。

仮に、北京に1人の研究者を1年派遣するのに300万円かかるとして、100人派遣すれば3億円である。また、大学のポストを1人分付けると1000万円かかるとすると、専門のシンクタンク的大学

を作って、そこに 10 人分のポストを付けたとして、1 年の経費は 1 億円である。その他、研究の費用などを計算しても、おそらく 10 億円あれば、こうした研究者の育成は十分可能であろう。

　日本国内では、2014 年にも消費税が増税される可能性が高い。消費税を 1% 上げると 1 兆円税収が増えるという。10 億円はその 1000 分の 1（！）である。これが高いか安いか。その判断が今後の日本の将来を決めるかもしれない。

余白

枝雀さんの名刺入れ
幻の高座を夢見ながら

ここに1つの名刺入れがある。

上等な着物の布で作られた、私の好きな若草色のしゃれたものである。これはある人の形見分けとしてその人の奥様からいただいたものである（本書のカバー裏面の写真参照）。

その人の名は桂枝雀さん。本名前田 達（とおる）。「昭和の爆笑王」と呼ばれ、師匠の米朝さんとともに上方落語の人気を支えたが、1999年に59歳で亡くなった。

枝雀落語と私

私が枝雀落語を初めて聞いたのはいつだったか、はっきりとは覚えていない。しかし、少なくとも小学校高学年のときにはその虜になっていた。大阪ローカルで月に1回放送されていた「枝雀寄席」の公開録画を見に行くために応募のはがきを出し、何回も福島（大阪市）にあるABCホールに通った。また、サンケイホールで開かれていた「桂枝雀独演会」も、何回も聞きに行った。

枝雀さんと「笑い」

芸人の中には「不世出」である人が何人かいる。大阪の芸人で言えば、私が知っている範囲では、中田ダイマル、藤山寛美、横山やす

余白

しといった人がそうであるが、枝雀さんもまた「不世出」であろう。

枝雀さんの落語家としての人生は「笑い」との戦いの歴史であったのかもしれない。

私は枝雀さんが前名の桂小米だった時代は知らないのだが、枝雀さんは入門した頃から群を抜いて噺がうまかったそうである（枝雀さんはアマチュア時代、弟さんと組んで素人漫才として、あちこちのラジオの演芸番組を荒らしていた）。

しかし、ある時期、枝雀さんは自分の笑いの方向性に悩み、「死ぬのが怖い病」を発症する。そして、その病を押し倒して、「桂枝雀」を襲名するや、それまでの正統派古典落語家から、「爆笑型」の噺家へと劇的に転身する。私が枝雀落語を知ったのはこの頃だったのだろうと思う。

枝雀落語の魅力

枝雀落語の本質はこれから研究されていくと思われるし、枝雀落語のどこが好きかということも聴く人によってさまざまであろう。その中で、私が敢えて枝雀落語の最大の魅力を1つ挙げるとすれば、それは「かいらしさ（かわいらしさ）」である。

枝雀落語に出てくる登場人物はみな「かいらしい」。特に、女性がそうである。「宿替え」のおかみさんが典型的にそうであるが、「舟弁慶」の雷のお松つぁんや「仔猫」のお鍋どんのような、一見怖そうな人物も実に優しく描かれている。

枝雀さん自身は幼い頃から相当に苦労をしている（戦後の生活のエピソード1つがCD版の「枝雀全集」の「しまつの極意」のまくらで語られている）。父親が早くに亡くなったこともあって、学校の給仕をしながら夜学（定時制高校）に通い、神戸大学に進学した（1年後「大学のことは大体わかりました」ということで中退した）。しかし、枝雀落語にはそうした苦労から来る暗さは全くと言

っていいほどない。むしろ、人生のつらさ、悲しさを熟知しているからこそ、高座では客が無条件に笑える笑いを提供することに心血を注いだのだろう。

枝雀さんの死とその後

　私は1997年に大阪を離れたが、「枝雀寄席」だけは何としても毎月見たいと思い、実家に頼んでビデオを送ってもらっていた。しかし、その番組に枝雀さんが出演することはなかった。「師匠は病気で休んでいます」ということで、桂南光さんをはじめとする枝雀一門の人たちが番組を支えていた。私はその病名を知らなかった。

　1999年、突然、全く信じられないニュースが飛び込んできた。枝雀さんが意識不明だという。私は完全に狼狽した。どうしていいかわからなくなった。その時、亡妻の清水が私に、「枝雀さんに手紙を書きなさい」と言ってくれた。私は枝雀さんに手紙を書いた。内容は全く覚えていないが、とにかく枝雀さんに生きていてほしいということを伝えたかった。

　枝雀さんが亡くなった後、私は枝雀さんの噺を聞くことができなくなった。清水が生きている間だけではなく、2001年に清水がいなくなって一人になった後も、枝雀さんの声を聞くことができなかった。枝雀さんの声を聞いたら、たまらなくなるであろうことがわかっていたからである。

　枝雀さんの噺を再び聞けるようになったのは、私自身の病気が治って、再び仕事ができるようになった頃だった。私自身が死線を乗り越えたことで、枝雀さんの気持ちが少しはわかるようになったからかもしれない。

幻の高座を夢見て

　枝雀さんが亡くなって残念なことはたくさんある。枝雀さんの生

の高座がもはや見られないというのは何にもまして残念である。しかし、幸いなことに、枝雀さんはたくさんの高座を私たちに遺してくれた。それらは映像や音源として手に入れられる。また、枝雀さんが「笑い」にかけた思いも活字の形である程度は残っている[1]。

　私がただ1つ残念に思っているのは、枝雀さんが晩年理想としていた高座が見られなかったことである。枝雀さんは何回か、晩年の理想として次のようなことを語っていた。

　　高座に上がってもボーとしていて、何か話しても、お客さんもボーとした気分になって、時間が来たら高座から降りて、後のお客さんもボーとした気分になって帰る。

　枝雀さんが語っていたことをうまく文字で再現できないのだが、要するに、枝雀さんが何か特別なことを話すことを客の方も期待しているわけではなく、高座の上に枝雀さんがいて何かを話してくれて、そこに一緒にいられただけで幸せな気持ちになれる、そういう高座を枝雀さんは目指していた。そこへ行くまでには、まるでその正反対のような動的な高座を枝雀さんは続けていたが、上田（2003）やWikipediaの記述を見ると、枝雀さん自身もそうした「幻の高座」を目指して進もうとしていたのかもしれない。そして、そのことが、そうした最高の笑いを極めようとしたことが、枝雀さんの命を奪うことになったのかもしれない。

　「幻の高座」を夢見ながら、「舟弁慶」を聞くことにしよう。

---

[1] 野村雅昭氏が『落語の言語学』の中で取り上げられているように、落語の落ち（サゲ）に関する枝雀さんの分類は言語学的に見ても極めて優れたものである。今後、笑いという芸を言語学（修辞学および語用論）の観点から分析する際、枝雀さんの理論が米朝さんのものと並んで、第一級の資料になることは間違いない。

参考文献

上田文世（2003）『笑わせて笑わせて桂枝雀』淡交社
野村雅昭（2002）『落語の言語学』平凡社
「桂枝雀（2代目）」Wikipedia より（2012年9月24日閲覧）：http://ja.wikipedia.org

付　記

「笑い」について

　本項の内容に関連して、「笑い」について少し考えてみたい。

　枝雀さんは入門当時、米朝さんの落語を非常にうまく学んでおり、たいへんうまい噺家であったという。しかし、枝雀さんはある時期、そうした「うまい噺家」であることの限界を感じ、「死ぬのが怖い病」を発病する。そして、死線を乗り越えて「桂枝雀」を襲名するや、一転して「爆笑落語」を演じるようになる。枝雀さんにとって、それはある意味で、（「鶴の恩返し」の鶴のように）命を削りながら「笑い」を作り出していく過程の連続だったのかもしれない。「笑い」という高い山の少しでも上に上ろうとして、工夫に工夫を重ねたのが枝雀落語であったのかもしれない。

　「笑い」はこれほどさように難しいものである。それは、井上ひさし氏が書いているように、「笑い」という感情だけは、人間が作り出さないかぎりこの世に存在しないものであるからである。ここで、このことに関する井上氏のことばを引用したい。

　　　僕の芝居には必ずといっていいほどユーモアや笑いが入っています。それは、笑いは人間が作るしかないものだからです。
　　　苦しみや悲しみ、恐怖や不安というのは、人間がそもそも生まれ持っているものです。人間は、生まれてから死へ向かって進んでいきます。それが生きるということです。（中略）
　　　この「生きていく」そのものの中に、苦しみや悲しみなどが全部詰まっているのですが、「笑い」は入っていないのです。なぜなら、笑い

余白

とは、人間が作るものだからです。(井上ひさし『ふかいことをおもしろく』PHP研究所、2011: 89)

山本周五郎について

　枝雀さんは博学で知られる米朝さんが「あいつの読む本はようわからん」といったほどの読書家であったが、小説は山本周五郎のものを除いてほとんど読まなかったという。

　奇遇だが、筆者も周五郎の作品はほぼ全作品読んだことがある。周五郎は、終生市井に生きる人々のせつなさ、ひたむきさとともにあろうとした。そして、そのために、周五郎は自らの生活の中から「安住」を遠ざけ、文壇とはもちろん、家族との生活をも犠牲にしてひたすら書き続けた。周五郎はまた、直木賞をはじめとする全ての文学賞を辞退した（そうした周五郎の名を冠した文学賞が作られていることを草葉の陰で周五郎はどう思っているだろうか）。周五郎が小説の中に何回か引用している「苦しみつつなお働け。安住を求めるな。この世は巡礼である」ということばに、そうした周五郎の姿勢は凝縮されている。

　周五郎が亡くなった時、山口瞳は「あれは時間をかけた自殺だったな」と言ったそうである。こうした周五郎の生き様に枝雀さんは共鳴したのであろう。

エピローグ
日本語教育、日本語学が生き残るために今なすべきこと

本書では、日本語教育、日本語学双方における「危機」の存在を指摘し、それに対する対抗策を考えてきた。

本書を閉じるにあたり、日本語教育、日本語学それぞれにおいて今なすべきこととして、筆者が考えることについて記しておきたい。

日本語教育において今なすべきこと[1]

これを一言で言えば、「日本語教育界が一丸で教材作成に当たる」ということになる。

プロローグでも述べたように、今、大学、大学院で日本語を学ぶ人の中で、日本語を使って何らかのcareerに就こうとする人の数は減少しつつある。それに代わって、英語だけで学位が取れるいわゆる英語トラックの学生を典型とする、日本語学習が中心的な目標ではない人が増えてきている。

もちろん、こうした人たちに対する日本語教育も重要である。しかし、国内の日本語教育（少なくとも大学における）の最大の市場は、あくまでも「専門日本語教育」である。そうであるとすれば、日本語で学位を取ることを目指す人を確保し続けることが絶対的に必要であると言える。そして、そのためには、「日本語でも英語とそれほど変わらない進度で研究ができる」ことを証明する必要がある。

---

[1] 本節の内容は部分的に、2013年5月24日に行われた2013年度国立大学日本語教育協議会（於：東京海洋大学）において口頭発表した内容にもとづく。

これは非常に難しい課題であるが、これを証明できないかぎり、日本語教育が大学で任期なしの常勤（テニア）のポストを確保し続けることは早晩困難になっていくであろう。そして、この課題を達成するためには、大学の専任職にある全ての日本語教育関係者が一丸となって、教材研究や教材開発に取り組む必要がある。まさに「チームジャパン」としての取り組みが必要なのである。

　もう1つ言えることは、海外でいわゆるAKIBAなどのサブカルチャーへの関心から日本語を学ぼうとしている学習者を、いかに本格的な日本語教育に導けるかが極めて重要であるということである。このタイプの学習者は日本経済の盛衰とは無関係な存在であり、おそらく恒常的に日本語教育の市場に供給され続けるものと思われる。現状ではこの層を本格的な日本語教育に取り込むための体系的・戦略的な取り組みがなされているとは言いがたいが、この層のたとえ1割でも本格的な日本語教育に取り込むことができれば、国内の日本語教育の世界の未来はずっと明るいものになる。その意味で、この層を本格的な日本語教育に取り込むための教材開発には、それこそ喫緊の、かつ、日本語教育の存立をかけた取り組みが必要である。

　筆者自身は、こうした危機感にもとづき、10年計画で教材開発に着手している。既に提案しているStep1, 2を基盤に、Step4〜Step6（中級〜中上級〜上級）の教材を作成することを目指している[2]。Step3は初中級とし、別途考えたい。なお、Step1, 2に関しても、学校型日本語教育を対象とする場合は、現行のものとは少し異なるものになると考えている。いずれにせよ、こうした教材の基本理念は、「理解レベルと産出レベルの区別を厳密に行う」「不要不急

---

[2]　こうした教材開発は、筆者が研究代表者を務める科学研究費助成金（科研費）の研究（基盤研究（A）「やさしい日本語を用いた言語的少数者に対する言語保障の枠組み策定のための総合的研究」平成25年度〜28年度）の柱の1つとなっている。

のものは後回しにする」「日本語学習にかけられる時間にそくして、そこから逆算してシラバスを考える」といったことであり、一言で言えば、「学習者に無駄な努力をさせない日本語学習の方法を考える」ということである。

　そして、さらに付言すれば、こうした取り組みを成功させるためには、教授法における How の研究と What の研究が正常な交流を取り戻すことが絶対的に必要である。そして、そのためには、日本語教育学会の大会が、まさに「アゴラ（広場）」として機能するようになることが必要であろうと筆者は考えている。

日本語学において今なすべきこと

　日本語教育に比べ、日本語学の「危機」はそれほど明確に目に見えてはいないかもしれない。しかし、現状を続けていけば、早晩その「危機」は現実のものになるにちがいない。

　§3で述べたように、現状の日本語学の研究には一種の「閉塞感」がある。そして、そうした閉塞感の中で再生産される研究に、ある種の問題点を感じざるを得ない。

　プロローグで述べたように、現在人文系の（テニアの）ポストは大学内で争奪の対象となっている。「文学部」が存在する大学はともかく、そうではないところでは日本語学のポストを維持し続けることが相対的に困難になってきている。

　もちろん、こうした動きは学問の評価を短期的にすることにつながり、学問の健全な発展を阻害するものである、ということは正しい（cf. 宇野 2010: 74ff.）。それは正しいが、そのように言えるための前提として、その学問分野が人類の現状や未来に対して確実に貢献をしているということに関する説明責任（accountability）が確保されていることが必要である。

　そして、筆者自身が考える説明責任は、自らの研究が「日本語

学」創学の精神に照らして妥当なものであるかということである。それが満たされているかぎり、たとえその研究が一見したところでは何の役に立つのかがわからないものであっても、説明責任は果たされていると言ってよい。

　日本語学が学問分野として生き残るためには、それに携わる1人1人の研究者がこうした意味の説明責任が果たせる研究を行っていくことしかないと筆者は考えている。

参考文献
宇野重規(2010)『<私>時代のデモクラシー』岩波新書

むすびに代えて

　本書は、筆者が 2009 年以来折に触れてホームページ上で公開してきた文章をもとに、大幅に加筆を行ったものです。

　本書は「エッセー集」です。エッセーという語の定義は難しいですが、本書では、敢えて論証を行わない書き物といった意味でこの語を使っています。「論文」として活字にすることが難しい内容を集めたものとしてご理解いただければと思います。

　本書の書名は、当初『日本語小論集』にするつもりでした。これは、三上章氏の最後の著作である『文法小論集』になぞらえたものです。司馬遼太郎氏は「司馬遷に遙かに及ばない太郎」という意をそのペンネームに込められたとのことですが、筆者もまた三上さんには遠く及ばないながら、少なくとも三上さんが目指したことを継ぐことだけは目指したいと考えたのです。

　清水幾太郎氏は、名著『論文の書き方』（岩波新書、1959）の中で、文章を書くには「燃料」になるものが必要だという旨のことを書かれていますが、本書の「燃料」になったのは、一橋大学言語社会研究科における講義や演習、いくつかの大学での集中講義（北京外国語大学、湖南大学（中国）、東呉大学（台湾）、国立研究大学経済高等学院（ロシア））、その他、公開講座や講演などで話したことやその際に受けた質問、さらには、留学生を対象とする日本語の授業の中で考えたことなどです。「燃料」を提供してくださった全てのみなさまに心より感謝いたします。

　本書の内容については、できるかぎり相互の統一を図りましたが、エッセーという書き物の特徴として思いの丈を述べるということがあると考え、執筆当時の筆の勢いを残すために敢えて統一を図らなかった部分もあります。例えば、文中で言及する人物に対する

敬称などがそれに当たります。

　本書のような風変わりな書き物の出版を快く認めてくださったくろしお出版の三戸ゆみ子社長、本書の構成に関してお世話になった池上達昭さん、堀池晋平さんに改めてお礼申し上げます。

　最後に、筆者をいつも心身ともに支えてくれている最愛の妻劉時珍と、娘美玲に本書を捧げたいと思います。

2013 年 9 月 30 日
庵　功雄

庵 功雄（いおり いさお）

1967年大阪府出身。大阪大学文学研究科博士課程修了。博士（文学）。大阪大学助手、一橋大学講師、准教授を経て、現在一橋大学国際教育センター教授。専門は日本語教育文法、日本語学、テキスト言語学。主な論文に、「「は」と「が」の使い分けに関わる一要因」（『国語学』188）、「推量の「でしょう」に関する一考察」（『日本語教育』142）、主著に、『新しい日本語学入門（第2版）』（スリーエーネットワーク）、『日本語におけるテキストの結束性の研究』『『象は鼻が長い』入門』（くろしお出版）、『「やさしい日本語」は何を目指すか』（共編著、ココ出版）、『日本語教育文法のための多様なアプローチ』（共編著、ひつじ書房）がある。

日本語教育・日本語学の「次の一手」

2013年10月25日　第1刷発行

著者	庵 功雄
発行	株式会社　くろしお出版
	〒113-0033　東京都文京区本郷3-21-10
	電話：03-5684-3389　FAX：03-5684-4762
	WEB：http://www.9640.jp
装丁	大坪佳正　　印刷所　藤原印刷株式会社

©2013 Isao Iori, Printed in Japan
ISBN 978-4-87424-607-8　C3081
乱丁・落丁はおとりかえいたします。本書の無断転載・複製を禁じます。